# DARRELL &
# MÁRCIA MARINHO

# #ficaadica

100 atitudes que podem mudar
o dia a dia do seu **casamento**

© 2015 Darrell e Márcia Marinho
Todas as citações bíblicas
foram extraídas da Nova Versão
Internacional (NVI)

Revisão
*Josemar de Souza Pinto*

Capa
*Maquinaria Studio*

Foto da capa
*Plácido Freitas*

Diagramação
*Felipe Marques*

1ª edição - Setembro de 2017

Editor
*Juan Carlos Martinez*

Coordenador de produção
*Mauro W. Terrengui*

Impressão e acabamento
*Imprensa da Fé*

Todos os direitos desta edição reservados para:

Editora Hagnos Ltda.

Av. Jacinto Júlio, 27

04815-160 - São Paulo - SP - Tel.: (11) 5668-5668

hagnos@hagnos.com.br - www.hagnos.com.br

## Dados Internacionais de Catalogação na Publicação (CIP)
### (Angélica Ilacqua CRB-8/7057)

Passo Sobrinho, Darrell Marinho do
 #Fica a dica: 100 atitudes que podem mudar o dia a dia do seu casamento / Darrell Marinho do Passo Sobrinho e Márcia Marinho. -- São Paulo : Hagnos, 2017.

ISBN 978-85-243-0538-2

1. Casamento – Aspectos religiosos 2. Aconselhamento matrimonial 3. Comunicação no casamento 4. Qualidade no relacionamento conjugal 5. Aconselhamento familiar I. Título II. Sobrinho, Darrell Marinho do Passo

17-1002 CDD 248.844

Índices para catálogo sistemático:

1. Aconselhamento matrimonial

Editora associada à:

*Por essa razão, o homem deixará pai e mãe e se unirá à sua mulher, e eles se tornarão uma só carne.*
(Gn 2.24)

# Agradecimentos

A Deus, que na sua generosidade nos conduz nessa obra, apesar de nós.

À nossa família, nossos pais e filhos, que têm sido apoiadores e fundamentais nesse projeto de sermos "família de Deus".

À Rede de Células (grupos de casais) A2, pela sua vibrante inspiração.

À PAES, uma igreja cheia do Espírito Santo, que vive uma virada brilhante.

Aos nossos discipuladores, Miguel e Valéria Uchôa, pelo constante ensino e direcionamento ministerial.

Por fim, somos agraciados com um público crescente e animado nas redes sociais que vibra com a valorização do casamento e nos apoia com seus comentários e *likes* diariamente. Muito obrigado por vocês existirem.

## 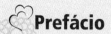 Prefácio

Não é por muito falar ou por falar difícil que os resolvem problemas conjugais são resolvidos. Para quem deseja a felicidade matrimonial e a superação dos desafios da vida a dois, a simplicidade e a objetividade são uma bênção, pois, quanto melhores, mais claros e mais simples são os argumentos, maior é o seu potencial transformador. Enxurradas de palavras difíceis e complicadas muitas vezes não ajudam em nada.

Darrell e Márcia Marinho demonstram saber disso. Tanto é assim que elaboraram dicas em forma de pílulas, a fim de auxiliar leitores e leitoras a caminhar por um terreno seguro na construção de sua vida conjugal e na resolução de problemas matrimoniais.

**#ficaAdica** revela, já no formato de *hashtag* escolhido para o título, que utiliza a linguagem minimalista da Internet, com textos enxutos, propostas de reflexão individual e acesso direto, via *QR Code*, a vídeos elucidativos no canal do Movimento A2, que Darrell e Márcia conduzem com alegria, bom humor e muita seriedade. Se a aparência é irreverente, o assunto é muito sério. E assim é tratado.

Uma das maiores dificuldades do casamento é que não existe escola de vida a dois. Maridos e esposas aprendem a lidar com as situações do matrimônio no peito e na raça, errando e acertando. O problema ocorre quando os erros são tantos que provocam desgastes profundos, mágoas e feridas que podem implodir famílias inteiras. Nessas horas, o que é necessário?

**Orientação. Oração. E ação!**

E é justamente para orientar maridos e esposas que Darrell e Márcia se dedicaram a elaborar as dicas presentes neste livro.

Os autores sabem que é preciso viver a fé na prática, debaixo da dependência de Deus, e numa postura ativa, para vencer os obstáculos da jornada conjugal. Por isso, criaram o material que você tem em mãos, que é rico, prático e eficiente.

Tenho certeza de que, se você abraçar a proposta do **#ficaAdica** e seguir passo a passo o que é proposto nas próximas páginas, viverá seus momentos a dois com segurança, rumo à tão desejada felicidade no casamento.

Boa leitura!

Maurício Zágari

# Apresentação

O **#ficaAdica** vem da experiência em nosso trabalho com milhares de casais em todo o Brasil nas redes sociais e igrejas, mostrando-nos que, para vivermos o céu no casamento, precisamos mudar nossas atitudes. São 100 dicas úteis que ajudarão o seu casamento a dar uma virada completa e começar a viver um relacionamento ainda melhor.

Não há receitas mágicas, talvez nem haja novidade para você, mas com certeza terá utilidade, se você começar a praticá-las.

Ler apenas as dicas pode lhe passar um conhecimento até interessante, às vezes divertido, mas se você não colocar em prática e começar a se valer dessas atitudes no seu dia a dia, terá desperdiçado o potencial imenso que este livro propicia.

Seu casamento pode estar vivendo uma fase difícil. Relacionamentos são assim mesmo: exigem de nós paciência e dedicação. Mas não desista. Após cada dica, haverá um espaço em branco para vocês anotarem os avanços. É muito importante que você use esse espaço. Reflita sobre cada atitude e analise se a partir desse momento aquilo deve virar um hábito no seu casamento.

Creia: se você plantou, vai colher (Gl 6.7). Essa é a máxima do **#ficaAdica**. Caso queira se aprofundar, há um vídeo relativo ao tema, que você deverá assistir junto com seu amor.

# Introdução

Conta uma história que um garoto chega para um sábio e pergunta qual a diferença entre o céu e o inferno. O sábio calmamente responde que não existe diferença entre o que tem no céu e no inferno, mas, sim, **nas atitudes das pessoas que ali estão.**

O garoto, sem entender, pergunta: "Como assim?"

O sábio, com paciência, responde: "Vou lhe dar um exemplo: Se alguém possui uma colher de arroz no céu, também possui uma colher de arroz no inferno. Não faz diferença: **o ter não é importante, mas, sim, a atitude**".

O garoto, parecendo compreender, respondeu: "Entendi, mas no inferno a colher deve ter um cabo bem grande, pois dessa maneira as pessoas continuam sofrendo famintas, não têm o que comer, já no céu ela tem o cabo curto e as pessoas podem se alimentar e ficar felizes, certo?"

O sábio respondeu: "Negativo, as colheres e os cabos são iguais, são enormes e não dá para alimentar a própria boca, assim como a quantidade de arroz em cada uma, no céu ou no inferno. A grande diferença está na atitude, pois no inferno, em razão do egoísmo, as pessoas pensam sempre nelas mesmas e assim nunca conseguem alcançar a comida da sua colher, enquanto no céu as pessoas alimentam umas às outras. Assim, não importa o tamanho do cabo da colher, todos se alimentam".

Muitos casamentos vivem no "inferno", quando poderiam **viver no "céu", exatamente por causa de nossas atitudes.**

Marido e mulher que poderiam alimentar um ao outro se preocupam com seu próprio interesse, em prejuízo do casamento.

Se marido e mulher pararem de cobrar tanto, de exigir tanto e começarem a cuidar mais, a alimentar e cultivar primeiro quem amamos, com certeza teremos um casamento muito melhor.

Não seria a hora de pensarmos em mudança de atitudes, para que dessa forma nosso casamento possa ser alimentado?

O **#ficaAdica** se propõe a ajudar nessa mudança de atitude em seu casamento.

Prepare-se, você tem em mãos cem possibilidades de viver a melhor fase do seu casamento. Seja muito bem-vindo (a) e aproveite tudo, sem moderação.

Essa é a dica.

**#ficaAdica**

# Entenda o "A2"

Neste livro você irá muitas vezes encontrar o designativo A2. Caso você ainda não saiba, esse é o nosso ministério, a base para o nosso casamento, e acreditamos muito que as melhores coisas da vida são feitas A2.

Na vida A2, existe um personagem que consideramos o principal. Sem ele, não conseguiríamos ter uma vida plena e é ele que tem transformado nossa família.

Aprendemos em Gênesis 2.24 que somos uma só carne. Mas mesmo sendo um, e inseparáveis, ainda precisamos de algo para sermos plenos.

Quando incluímos Jesus, começamos essa #vidaA2, e é exatamente aí que começa a mudança. Jesus é o principal fator para sua transformação.

Nenhuma dessas dicas nem todas juntas podem trazer tanto impacto quanto colocar Deus como o Senhor da sua casa. Isso significa estar com e todo o tempo.

Acreditamos que não existe casamento tão ruim que não possa ser consertado e tão bom que não possa ser melhorado. E isso pode ser ainda mais evidente quando o tempero de Jesus faz parte da sua receita. Mais ainda quando ele é o ingrediente principal.

O resultado disso é fantástico, não perfeito; tumultuado às vezes, mas dinâmico; intenso, mas divertido. No final vocês serão casados e felizes para sempre.

A "dica" para isso? Coloque o "2" na sua vida como o principal do seu casamento e veja a diferença de uma vida que valoriza o **#momentoA2** (você e seu amor + Jesus).

# Como utilizar melhor este livro

Podemos sugerir algumas coisas:

1. Ore a Deus, pedindo a ele que construa em seu coração o desejo de viver um casamento segundo seu propósito.
2. Selecione um tempo todos os dias para se dedicar a uma das dicas. Reflita e veja como aquilo pode fazer a diferença. Lembre-se, elas são genéricas, mas irão ajudar muito.
3. Faça tudo de coração aberto e lembre-se que, no final, ganham você, seu amor e a sua família.
4. Como tudo que se planta se colhe, queremos que você anote ao final da **dica** o resultado do que você colheu após ter tomado a atitude.
5. Quando você "colher", registre isso, tire uma foto e poste no Facebook.com/darrellemarcia ou poste com a **#momentoA2**. Queremos viver esse momento com você.
6. O resultado deste livro é muito maior quando os dois realizam as dicas e compartilham pelo menos uma vez por semana, em seu Tempo de Amar. Por conta disso, **sugerimos que você tenha um livro e seu amor outro**, para que vocês possam escrever passo a passo as dicas, surpreender seu amor, e quando sentarem vocês possam conversar sobre isso.
7. As dicas podem ser feitas de forma aleatória, não sendo necessário seguir uma ordem, por isso é interessante você tentar ir por um caminho de dicas, e seu amor por outro, para que vocês durante o uso do livro possam surpreender um ao outro, daí a importância de cada um ter o seu exemplar.

Oferecemos também um QR Code, para cada dica, que o (a) levará a um de nossos vídeos, onde você aprenderá mais sobre aquele assunto.

Caso você não tenha um leitor de QR Code em seu celular, baixe na App Store, PlayStore ou Windows Store. Se quiser a lista de vídeos completa, acesse #TvA2 em **www.youtube.com/ momentoA2.**

Assistir aos vídeos juntos vai levá-los a ter mais comunhão e a começarem a ver tudo por um mesmo ângulo. Muitos casamentos são impactados pela decisão dos cônjuges de investir tempo no relacionamento.

A leitura das dicas sem a boa vontade para colocá-las em prática não irá melhorar o casamento. Portanto, mãos à obra. Seu casamento depende muito mais do que você vai fazer a partir de agora do que você fez ou não fez no passado.

Sejam muito bem-vindos a essa vida que valoriza o casamento e a família.

## Propósito

Quais são os fundamentos nos quais sua vida está baseada? Você tem? Sua família tem? Você e seu amor já conversaram sobre isso? Segue a dica: Existem três fundamentos que poderão sustentar seus relacionamentos familiares até o fim de sua vida: uma *fé* baseada na Bíblia, uma *esperança* firmada em Jesus e um *amor* baseado em Deus. Alicerce sua casa sobre essas três pedras fundamentais e creia que tudo dará certo.

**#ficaAdica #fundamentos #darrell&marcia**

E aí? Como foi para você parar e pensar sobre os fundamentos da sua vida? Esses três que comentamos anteriormente são importantes para você? Escreva abaixo quais são as suas expectativas a partir de agora.

_____
_____
_____
_____
_____
_____

**VÍDEO – OS 10 MANDAMENTOS NO CASAMENTO**

Abra o seu aplicativo de **QR Code** no seu celular, aproxime a sua câmera da imagem e assista ao vídeo sobre o tema. Caso não tenha o aplicativo, acesse a página do YouTube: **youtube.com/momentoA2**

## 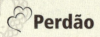 Perdão

A traição é um mal que tem assolado muitos casamentos. Muitas vezes é uma traição de corpos; outras vezes, apenas emocional. De uma forma ou de outra, traz dores incalculáveis para o nosso coração. O casal que passa por uma situação dessa precisa se reconciliar primeiro com Deus e depois um com o outro. O perdão liberta, e em muitos casos isso só é possível com a intervenção divina. Depois do perdão, você restaura a união e traz a paz para o seu lar.

### #ficaAdica #PerdoeHoje #darrell&marcia

Você já sofreu alguma traição? Já a superou? Perdoe para poder começar a viver algo novo. Escreva abaixo que atitudes você terá a partir de agora, depois de ter perdoado.

_____
_____
_____
_____
_____
_____

### VÍDEO – TRAIÇÃO, O QUE FAZER?

 Abra o seu aplicativo de **QR Code** no seu celular, aproxime a sua câmera da imagem e assista ao vídeo sobre o tema. Caso não tenha o aplicativo, acesse a página do YouTube: **youtube.com/momentoA2**

# Invista

Você é responsável pelo que cativa, certo? Lembre-se que começou tudo isso naquela paquera: troca de olhares e todas aquelas promessas dos primeiros dias.

Com o corre-corre da vida agitada de casados, muitas vezes nos esquecemos do que mais nos encantou no outro.

Então, relembre o que mais o (a) encantou no primeiro dia e tente hoje retomar aquele clima de namoro. Pergunte ao seu amor o que foi que, naquela época, o encantou e tente voltar a esse aspecto positivo e com isso retomar o clima de namoro no seu casamento.

#ficaAdica #encanto #darrell&marcia

Escreva aqui o que mais encantou você quando conheceu seu amor e escreva o que ele (a) disse que o (a) deixou mais encantado (a). Claro, volte sempre aqui para revisar e vivenciar novamente esses encantos.

_____
_____
_____
_____

### VÍDEO – 6 HÁBITOS PARA FORTALECER A RELAÇÃO À MODA ANTIGA

Abra o seu aplicativo de **QR Code** no seu celular, aproxime a sua câmera da imagem e assista ao vídeo sobre o tema. Caso não tenha o aplicativo, acesse a página do YouTube: **youtube.com/momentoA2**

## 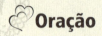 Oração

Vocês têm o hábito de orar juntos? A dica de hoje é que você convide seu amor para orarem juntos. A Palavra de Deus diz em Mateus 18.19 que tudo que vocês pedirem em unidade o Pai que está no céu concederá. Imagine que poder tem se essa unidade for de um casal! Pare e pense ao contrário também, se você está pedindo uma coisa e seu amor, outra. Chegou a hora de vocês se unirem e começarem o hábito de orar juntos.

### #ficaAdica #OraçãodoCasal #darrell&marcia

Como foi para você orar junto com seu amor? Algo novo, diferente, ou vocês já faziam isso? Se precisar de ajuda na oração, oferecemos um serviço gratuito pelo WhatsApp. Você pode pedir nas nossas redes sociais. Mas escreva abaixo, como foi sua experiência. É importante esse relato.

_____
_____
_____
_____

### VÍDEO – CASAIS INTELIGENTES ORAM JUNTOS #1

 Abra o seu aplicativo de **QR Code** no seu celular, aproxime a sua câmera da imagem e assista ao vídeo sobre o tema. Caso não tenha o aplicativo, acesse a página do YouTube: **youtube.com/momentoA2**

## 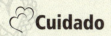 Cuidado

Há quanto tempo você não faz uma revisão no seu casamento? A gente faz revisão no carro, *checkup* na saúde todo ano, mas muitas vezes não revisamos o que pode melhorar nosso casamento. Ficamos em uma relação às vezes beirando o precipício, em altos e baixos, ou numa situação até estável, mas não vivendo em plenitude. Acontece também de, por não revisarmos, lá na frente colhermos problemas graves, pois toda revisão é preventiva e pode melhorar muito nossa vida a dois.

**#ficaAdica #RevisãoJÁ #darrell&marcia**

Que tal você anotar as cinco coisas que você gostaria de mudar no seu cônjuge? E as cinco que você mudaria em si mesmo? Pronto! Conversem sobre isso.

___
___
___
___
___
___

### VÍDEO – 5 TIPOS DE CASAMENTO

 Abra o seu aplicativo de **QR Code** no seu celular, aproxime a sua câmera da imagem e assista ao vídeo sobre o tema. Caso não tenha o aplicativo, acesse a página do YouTube: **youtube.com/momentoA2**

## Comportamento

Você já pensou em mudar o seu amor? Já tentou? E aí, qual o resultado? Normalmente não é o melhor, não é? Mas mesmo assim muita gente continua tentando, com os velhos erros do passado, ter novos resultados.

Sabe o que descobrimos? Que **tentar mudar alguém nunca funciona**. Sabe por quê? Porque as pessoas sabem quando não são aceitas por aquilo que são, e isso magoa profundamente e normalmente só afasta, em vez de aproximar.

Você não deve entrar num casamento com a ideia de que vai transformar o seu marido ou sua mulher. Só Deus pode mudar alguém. Nossa função? Aproveitar as diferenças e mudar o nosso comportamento, para influenciarmos na melhoria do nosso cônjuge.

### #ficaAdica #SomosDiferentes #darrell&marcia

O que você já tentou mudar no seu cônjuge e não conseguiu? Agora como você pretende agir com as diferenças entre os dois?

_____
_____

### VÍDEO – PRECISO MUDAR

Abra o seu aplicativo de **QR Code** no seu celular, aproxime a sua câmera da imagem e assista ao vídeo sobre o tema. Caso não tenha o aplicativo, acesse a página do YouTube: **youtube.com/momentoA2**

# Intimidade

Muitos casais dormem juntos, moram juntos, dividem as contas de uma casa, mas não se conhecem de verdade. Alguns são apenas colegas de quarto; outros, sócios dividindo contas; e há alguns que são motoristas que revezam levar os filhos na escola. Mas poucos têm uma intimidade verdadeira. Invista tempo na intimidade do casal. Vocês precisam se conhecer mais para ter intimidade de verdade.

**#ficaAdica #IntimidadedeVerdade #darrell&marcia**

Como anda a intimidade de vocês? Você sabe tudo do seu cônjuge? Ele também sabe tudo sobre você? Vocês têm intimidade espiritual? Intelectual? Emocional? Social? Sexual? As cinco? Escreva abaixo como anda essa intimidade de vocês.

_____
_____
_____
_____
_____
_____

### VÍDEO – OS 5 SEGREDOS DA INTIMIDADE

Abra o seu aplicativo de **QR Code** no seu celular, aproxime a sua câmera da imagem e assista ao vídeo sobre o tema. Caso não tenha o aplicativo, acesse a página do YouTube: **youtube.com/momentoA2**

##  Ciúmes

O ciúme é uma das grandes causas de brigas e destruição. Se não for controlado, pode acabar com sua família. Se bem dosado, pode ser benéfico, já que quem ama cuida, mas, se for doentio e sem limites, pode afastar em vez de aproximar. Muita gente acha que é legal se transformar em GPS e ficar monitorando seu amor. Infelizmente não é, e isso só vai afastá-lo de você.

**#ficaAdica #CiúmesComModeração #darrell&marcia**

Você é muito ciumenta (o)? Qual foi seu extremo de ciúme? Foi legal? Talvez não, né? E agora, como você pretende agir quanto aos ciúmes? O que precisa controlar?

_____
_____
_____
_____
_____
_____

### VÍDEO – CIÚMES NO CASAMENTO

Abra o seu aplicativo de **QR Code** no seu celular, aproxime a sua câmera da imagem e assista ao vídeo sobre o tema. Caso não tenha o aplicativo, acesse a página do YouTube: **youtube.com/momentoA2**

## Conquista

Lembra-se das crianças, quando ainda são bebês? Quando elas fazem algo legal, papai e mamãe aplaudem, e aí que elas repetem, cada vez mais, não é assim? Então, também assim somos nós, carentes e necessitados de palavras de afirmação. Amados, o elogio é uma expressão de reconhecimento, de carinho, de amor. **Se focarmos nas coisas boas, esqueceremos as ruins**. Mude a forma e o que você fala para o seu amor, e que hoje só saia da sua boca algo que edifique, que extraia o melhor que seu amor tem.

**#ficaAdica #SonhemJuntos #darrell&marcia**

Como foi encarar mais o lado positivo? Se você se calar mais e acusar menos já vai melhorar. Que tal anotar três coisas muito boas que seu cônjuge tem ou faz? Escreva-as e enalteça-as mencionando-as a ele (a).

_____
_____
_____
_____
_____

### VÍDEO – PALAVRAS QUE MARCAM POSITIVAMENTE

Abra o seu aplicativo de **QR Code** no seu celular, aproxime a sua câmera da imagem e assista ao vídeo sobre o tema. Caso não tenha o aplicativo, acesse a página do YouTube: **youtube.com/momentoA2**

## ♡ Em defesa do casamento

O mundo tem banalizado o casamento, e em muitas situações as pessoas já se casam pensando em se separar. Em outras, as pessoas brincam com o divórcio, desvalorizando sua família e colocando em risco seu casamento. O fato é que o divórcio é uma das maiores dores pelas quais podemos passar. Cinquenta por cento das pessoas que se separam arrependem-se. E os que se casam pela segunda vez têm um índice de separação de 70%, o que sem dúvida prova que não é o casamento o problema; a questão é a forma como nos comportamos no dia a dia do nosso relacionamento. **Não será trocando de parceiro que resolveremos nossos problemas**. É pensando em como nós podemos melhorar, como podemos agregar mais e nos dedicar mais que poderemos construir um casamento melhor, feliz e para sempre.

**#ficaAdica #Proteção #darrell&marcia**

Que atitudes você acredita que precisa tomar para proteger mais o seu casamento? Escreva abaixo.

_____
_____
_____

### VÍDEO – 12 MOTIVOS QUE LEVAM À SEPARAÇÃO

Abra o seu aplicativo de **QR Code** no seu celular, aproxime a sua câmera da imagem e assista ao vídeo sobre o tema. Caso não tenha o aplicativo, acesse a página do YouTube: **youtube.com/momentoA2**

## Amor e sexo

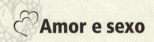

Você já tomou café sem açúcar? Meio sem gosto, certo? Olhe que muitos casamentos vivem uma fase assim, de gosto amargo. Em muitos deles, porque o casal esqueceu de colocar o "açúcar" no dia a dia do casamento. O sexo então já é algo sem prazer, às vezes apenas rotineiro, em outras situações meio que por obrigação, mas o desejo ou tesão daquele momento ficou bem para trás. Muitos casais nem se lembram mais do prazer que tinham no início do relacionamento..

Que tal fazer algo hoje para adoçar ainda mais sua relação?

**#ficaAdica #Conquiste #darrell&marcia**

Como é a relação sexual de vocês? Azeda, doce ou sem gosto? O que você acredita que pode fazer para colocar mais doce ainda? Escreva abaixo.

_____
_____
_____
_____
_____

**VÍDEO – COMO APIMENTAR O SEU CASAMENTO**

Abra o seu aplicativo de **QR Code** no seu celular, aproxime a sua câmera da imagem e assista ao vídeo sobre o tema. Caso não tenha o aplicativo, acesse a página do YouTube: **youtube.com/momentoA2**

## ♡ Finanças

Muitos problemas nos casamentos acontecem por conta de falta de diálogo sobre finanças. Dinheiro é meio que um tabu, e, por mais que seja necessário, pouco se conversa sobre isso. Por exemplo: Na sua casa como se trata o dinheiro? É algo conversado? Vocês têm bem claro quais são as obrigações, responsabilidades e conversam sobre tudo em relação a dinheiro?

Um ponto importantíssimo é que no casamento não existe "meu dinheiro" ou o "seu dinheiro", "minhas dívidas" e as "suas dívidas". Devemos administrar juntos nossos recursos como uma equipe, usando o melhor da nossa sabedoria e apoiando o outro no que fazemos bem. Não devemos esconder nada do nosso cônjuge, pois a infidelidade financeira é tão prejudicial quanto a sexual.

**#ficaAdica #AmoreDinheiro #darrell&marcia**

Como é na sua casa? O dinheiro é nosso? Ou só no sexo que vocês compartilham as coisas? Escreva abaixo como era e como vai ser a relação do dinheiro na sua casa.

_____
_____
_____

**VÍDEO – 8 ERROS FINANCEIROS NO SEU CASAMENTO**

Abra o seu aplicativo de **QR Code** no seu celular, aproxime a sua câmera da imagem e assista ao vídeo sobre o tema. Caso não tenha o aplicativo, acesse a página do YouTube: **youtube.com/momentoA2**

## Comportamento

Tem mulher que é um poço da negatividade. Você chega perto dela e vai se desmotivando com tanta coisa ruim que ela fala?

É a comida que queimou, o gás que acabou, o menino que adoeceu, a tia que está entre a vida e a morte, ela acha que a vida tá ruim e ainda vai piorar... Ninguém aguenta.

Imagine o marido! Ela é uma mulher que só traz problemas. O cara chega do trabalho e já sabe que a mulher vem em cima com todos os problemas do mundo. E, claro, o cara não quer nem ir para casa, ele prefere sair com os amigos a ficar em casa; pois sabe que só vem problemas, broncas e coisas ruins.

Se você é essa mulher, mude o discurso, encha sua casa de coisa boa. Nós servimos a um Deus que é amor, alegria e felicidade. Seja como ele.

### #ficaAdica #EscolhaSerFeliz #darrell&marcia

Qual tem sido o seu discurso ao receber seu amor? Você tem enchido ele de graça e amor ou de problemas? Como você pretende fazer a partir de agora? Escreva abaixo.

_____

_____

### VÍDEO – 3 COISAS QUE TODO MARIDO DETESTA

Abra o seu aplicativo de **QR Code** no seu celular, aproxime a sua câmera da imagem e assista ao vídeo sobre o tema. Caso não tenha o aplicativo, acesse a página do YouTube: **youtube.com/momentoA2**

## Em defesa do casamento

Muitas pessoas chegam e nos falam que vão acabar o casamento porque o amor acabou. Será que quando acaba a gasolina você abandona o carro ou reabastece-o? **Reabasteça o amor no seu casamento**. Nós acreditamos, que há várias formas de reabastecer seu casamento e fazer tudo novo nele. Invista cada dia mais.

#ficaAdica #InvistaNoSeuCasamento #darrell&marcia

O que você tem feito diariamente para abastecer com amor o seu casamento?
___
___
___
___
___
___
___
___
___

### VÍDEO – 5 COISAS QUE VOCÊ DEVE FAZER SE SEU MARIDO NÃO A AMA MAIS

Abra o seu aplicativo de **QR Code** no seu celular, aproxime a sua câmera da imagem e assista ao vídeo sobre o tema. Caso não tenha o aplicativo, acesse a página do YouTube: **youtube.com/momentoA2**

#  Respeito

Será que a maioria de nós tem cuidado bem da nossa família? Será que cuidar é só proporcionar o sustento, preparar o futuro, garantir segurança, agradar com presentes? Ou tem algo a mais que podemos fazer para proteger nossa família? Cuidado! Há muitas armadilhas que podem destruir com nossa família. E não se engane achando que seus filhos só querem presente; eles querem muito mais presença. Não esqueça: se você é pai, o melhor presente que pode dar a seu filho é respeitar a mãe dele. Se você é mãe, respeite o pai do seu filho.

**#ficaAdica #RespeitoSempre #darrell&marcia**

Como tem sido a sua relação com sua família? O que você tem feito que a tem colocado em risco? Você já parou para pensar que sua presença é mais importante que os presentes? E o respeito pelo seu cônjuge é algo que seus filhos percebem? Escreva abaixo.

_____
_____
_____
_____
_____

### VÍDEO – 4 ARMADILHAS QUE PODEM ACABAR COM NOSSA FAMÍLIA

Abra o seu aplicativo de **QR Code** no seu celular, aproxime a sua câmera da imagem e assista ao vídeo sobre o tema. Caso não tenha o aplicativo, acesse a página do YouTube:
**youtube.com/momentoA2**

## 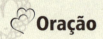 Oração

Muita gente não ora por nada e ainda reclama do que está acontecendo na sua vida. O que não apresentamos a Deus em oração, deixamos por conta do acaso. É o verdadeiro "deixa a vida me levar". Se você pode ter Deus como seu parceiro em todos os assuntos, por que ainda quer caminhar só? **Utilize o maior poder do mundo a seu favor**. Experimente orar.

**#ficaAdica #OpoderdaOração #darrell&marcia**

Você tem o hábito de apresentar tudo a Deus em oração? Ou você só faz orações sistemáticas, em momentos marcados? Como é sua vida de oração? Algo profundo ou raso? Escreva abaixo como você acha que poderia usar melhor esse poderoso instrumento.

_____
_____
_____
_____
_____
_____
_____

### VÍDEO – O PODER DA ESPOSA QUE ORA

 Abra o seu aplicativo de **QR Code** no seu celular, aproxime a sua câmera da imagem e assista ao vídeo sobre o tema. Caso não tenha o aplicativo, acesse a página do YouTube: **youtube.com/momentoA2**

## ♡ Propósitos

Casamento não é um contrato que, se der errado, você desfaz. Casamento é uma aliança. Num contrato você pode tirar o sócio, indenizar uma empresa etc. O contrato pode ser desfeito. Bem diferente de uma aliança, pois na aliança já não há uma parte e a outra, mas as duas pessoas se tornam uma só. Não tem começo nem tem fim. Assim como exemplificado no anel de casamento, um círculo sem começo e fim, de ver o seu relacionamento: uma união eterna e que ser indissolúvel com a bênção de Deus.

**#ficaAdica #CasamentoéAliança #darrell&marcia**

Como vocês têm tratado a aliança de vocês no casamento? Como algo eterno? E o anel, símbolo dessa aliança, vocês o usam? Escreva abaixo como vocês querem tratar essa aliança a partir de agora.

_____
_____
_____
_____
_____

### VÍDEO – O PODER DA ALIANÇA NO CASAMENTO

Abra o seu aplicativo de **QR Code** no seu celular, aproxime a sua câmera da imagem e assista ao vídeo sobre o tema. Caso não tenha o aplicativo, acesse a página do YouTube: **youtube.com/momentoA2**

## Tempo de amar

Vocês têm um tempo só do casal? Um tempo para curtir um ao outro? Aquele dia, horário, onde a preferência é se olharem, se curtirem, conversar sobre vocês e namorarem? Esse é o tempo de amar, e todo casal precisa de um tempo assim.

Dedique um tempo ao que faz você se sentir feliz. Que tal você mudar sua agenda hoje, deixar um tempo livre para vocês dois? Convide o seu cônjuge e invistam um tempo de amar no seu casamento.

**#ficaAdica #TempodeAmar #darrell&marcia**

Escreva abaixo um dia, data e local, talvez na sua casa mesmo, ou em um restaurante ou lanchonete, mas já deixe programado algo para vocês. Se vocês não planejarem, não priorizarem e não protegerem isso, sempre vai ter algo para "roubar" o tempo de amar de vocês. Então, se você anotar, já vai ser mais um compromisso assumido. Converse com seu cônjuge e deixe tudo anotado abaixo.

_____

_____

### VÍDEO – TEMPO DE AMAR

Abra o seu aplicativo de **QR Code** no seu celular, aproxime a sua câmera da imagem e assista ao vídeo sobre o tema. Caso não tenha o aplicativo, acesse a página do YouTube: **youtube.com/momentoA2**

## Comportamento

Um dos grandes desafios de uma relação A2 é o cuidado com a forma como falamos com nosso cônjuge. Muitas vezes, no calor de uma discussão, terminamos acusando, levando culpa, dor e sentimentos ruins a quem mais gostamos. Agimos com condenação, machucando quem mais gostamos por algo que ele (a) errou conosco.

Sabe o que acontece quando erramos com Deus? Ele olha para nós com amor e esperança e nos dá outra oportunidade. Sabe quem nos olha com condenação? O diabo.

De que forma você tem olhado para o seu cônjuge? Com olhar de esperança de que ele pode ser melhor, ou de condenação, levando dor e mágoa?

**#ficaAdica #CuidadoAoFalar #darrell&marcia**

Quais eram os hábitos que você tinha de condenação ao seu cônjuge? Quer uma boa dica para agora? Peça perdão a ele por isso. Reescreva uma nova história. Que tal chegar agora para ele levando esperança, e não condenação, para o seu lar? Escreva abaixo quais seriam suas palavras de esperança para o seu cônjuge.

_____

_____

### VÍDEO – 7 HÁBITOS DAS ESPOSAS QUE FRACASSAM

Abra o seu aplicativo de **QR Code** no seu celular, aproxime a sua câmera da imagem e assista ao vídeo sobre o tema. Caso não tenha o aplicativo, acesse a página do YouTube: **youtube.com/momentoA2**

## ♡ Invista

O amor se constrói a cada dia, principalmente nos detalhes, e as surpresas podem dar pontos para você na conta corrente do amor. Então, pense no que você pode fazer para agradar o seu amor. Podem ser coisas simples, mas só o fato de você surpreender e colocá-las em prática vai encher o seu saldo do amor com seu cônjuge. Aqui vão algumas sugestões: Que tal hoje você fazer algo que nunca fez? Lavar os pratos, pedir um *delivery* para o jantar, fazer o dever de casa com as crianças, levar um lanche na cama, dividir uma das tarefas da casa etc. Pense nisso e ponha em prática.

Convém lembrar que, para sacar, é preciso depositar.

**#ficaAdica #ContaCorrentedoAmor #darrell&marcia**

O que você fez? Qual foi o resultado? Escreva abaixo e faça já a programação de outras surpresas para a semana.

_____
_____
_____
_____
_____

### VÍDEO – CONTA CORRENTE DO AMOR

Abra o seu aplicativo de **QR Code** no seu celular, aproxime a sua câmera da imagem e assista ao vídeo sobre o tema. Caso não tenha o aplicativo, acesse a página do YouTube: **youtube.com/momentoA2**

##  Sogra

Quer se dar bem com sua sogra? Ouça-a. Quando a gente se dispõe a ouvir o outro, descobrimos o que se passa na mente e no coração das pessoas.

A melhor forma de você lidar com sua sogra é tratando bem o (a) filho (a) dela. Ela pode até não gostar de você, mas vai amar saber que você trata bem o grande amor de sua vida.

Agora olhe: se seu cônjuge tem problemas com a sogra dele, a culpa pode ser sua. Você já estabeleceu limites? Se você não quer que ela apareça sem avisar, dê balas aos seus filhos antes do almoço ou faça planos para a família toda sem consultar você e seu cônjuge, avise isso a ela!

**#ficaAdica #EuAmoMinhaSogra #darrell&marcia**

E agora? O que você precisa mudar na sua relação com sua sogra? Escreva abaixo.

_____
_____

### VÍDEO – COMO LIDAR COM A SOGRA?

Abra o seu aplicativo de **QR Code** no seu celular, aproxime a sua câmera da imagem e assista ao vídeo sobre o tema. Caso não tenha o aplicativo, acesse a página do YouTube: **youtube.com/momentoA2**

## Comportamento

Imagine se a rede social pudesse ser usada não só para aproximar as pessoas que estão distantes, mas também para unir aquelas que estão bem perto. Cuidado, pois hoje 50% das pessoas antes de dormir olham seu celular, mas muitos casais não se beijam mais antes de deitar. Outros até atualizam os grupos de WhatsApp, mas não oram com seus filhos antes de eles dormirem. Use de modo consciente o celular e aproveite o que pode unir vocês na internet.

Não deixe que o que veio para facilitar a vida venha a destruir a sua família.

**#ficaAdica #UsoConsciente #darrell&marcia**

Como é na sua vida o uso das redes sociais: tem aproximado ou afastado vocês? Você tem um horário de uso por dia, ou faz uso delas toda hora? Isso tem roubado seu tempo de qualidade com sua família? Escreva abaixo o que você vai fazer a partir de agora.

_____

_____

### VÍDEO – ATÉ QUE O WHATSAPP E O FACEBOOK NOS SEPAREM

Abra o seu aplicativo de **QR Code** no seu celular, aproxime a sua câmera da imagem e assista ao vídeo sobre o tema. Caso não tenha o aplicativo, acesse a página do YouTube: **youtube.com/momentoA2**

**Perdão**

Já pensou no amor como um ser vivo? Ele nasce em um beijo. Não foi assim com vocês? Cresce de um sorriso, alimenta-se todos os dias de muito carinho e pode ressuscitar de um perdão. O amor está morrendo? Escolha perdoar.

**#ficaAdica #PerdoeHojeparaNãoseArrependerAmanhã #darrell&marcia**

Tem algo que você está carregando que é um peso que você não aguenta mais? Quando perdoamos, nos livramos do peso da amargura, da mágoa e começamos a viver uma nova vida, muito mais leve. Que tal você perdoar? Escreva abaixo o que você perdoa e a quem no dia de hoje.

_____
_____
_____
_____
_____
_____
_____

### VÍDEO – PERDÃO VOCÊ QUER? VOCÊ PODE!

 Abra o seu aplicativo de **QR Code** no seu celular, aproxime a sua câmera da imagem e assista ao vídeo sobre o tema. Caso não tenha o aplicativo, acesse a página do YouTube: **youtube.com/momentoA2**

## Comunicação

Isso é impressionante, mas talvez aconteça com você. Reflita nisso: Normalmente somos muito mais impacientes com nosso cônjuge do que com as pessoas de fora. Falamos coisas para ele que nunca falaríamos com nosso chefe, um padre ou um pastor. Agimos de forma grosseira e às vezes rude, como nunca agimos com ninguém, e essa impaciência muitas vezes machuca. Isso precisa mudar, pois, às vezes, um minuto de paciência pode economizar dias de arrependimento na nossa vida.

**#ficaAdica #PaciênciaNuncaéDemais #darrell&marcia**

Em que você tem sido impaciente? Como você pode mudar isso?
_____
_____
_____
_____
_____
_____
_____

### VÍDEO – 9 DICAS PARA TER MAIS PACIÊNCIA NO CASAMENTO

Abra o seu aplicativo de **QR Code** no seu celular, aproxime a sua câmera da imagem e assista ao vídeo sobre o tema. Caso não tenha o aplicativo, acesse a página do YouTube: **youtube.com/momentoA2**

## Tempo de amar

Vocês precisam se dedicar a ouvir um ao outro, a ter um tempo de sofá. Aqueles dez ou quinze minutos, quando chegam do trabalho, em que vocês sentam e vão saber como foi o dia um do outro. Muitos casais não dedicam tempo para conversar, para saber como o outro está, o que está sentindo, o que está sofrendo, o que está lhe fazendo feliz. Muitas vezes vocês se remetem aos desafios e problemas dos filhos ou das contas para pagar. Caem em enganos que muito dificultam a comunicação do casal. No futuro, quando se olharem, serão dois estranhos. **Ter esse tempo hoje pode fazer a diferença para todo o futuro**. Isso é essencial!

#ficaAdica #dedicação #darrell&marcia

Como tem sido o tempo de vocês? Muito corre-corre ou vocês conseguem pelo menos uma vez por dia parar e saber como o outro está de verdade? O que você pode mudar na rotina para privilegiar o tempo de sofá?

_____
_____

### VÍDEO – 4 AMIGOS DA COMUNICAÇÃO

Abra o seu aplicativo de **QR Code** no seu celular, aproxime a sua câmera da imagem e assista ao vídeo sobre o tema. Caso não tenha o aplicativo, acesse a página do YouTube: **youtube.com/momentoA2**

## Cuidado

Como você se veste para sair? Ir a um casamento? Ir à igreja? E para receber seu amor em casa? É do mesmo jeito que você se prepara quando namoravam? ...

Talvez por isso o desejo também não seja como era naquela época. Vamos mudar isso? Que tal hoje você receber seu cônjuge de forma diferente? Que tal se preparar para esse encontro como algo especial mesmo e apimentar a relação de vocês?

#ficaAdica  #ConquisteSeuAmor #darrell&marcia

Compartilhe abaixo o que você vai fazer de diferente, como você pode surpreender seu amor para que vocês tenham uma noite marcante e empolgante. Planeje-se já!

_____
_____
_____
_____
_____
_____

**VÍDEO – 5 FORMAS DE SEDUZIR O SEU MARIDO**

Abra o seu aplicativo de **QR Code** no seu celular, aproxime a sua câmera da imagem e assista ao vídeo sobre o tema. Caso não tenha o aplicativo, acesse a página do YouTube: **youtube.com/momentoA2**

## Brigas

Você já foi dormir uma noite brigado com seu amor? A Palavra de Deus diz que você não deve deixar que o sol se ponha sobre a sua ira. Então, se tem um conflito, e vão existir vários, em todos os casamentos, que tal começar partindo do seguinte princípio: seu cônjuge NÃO É SEU INIMIGO. Não durma sem resolver suas pendências. Controle sua ira, pois ela só vai afastar você do que é melhor para o seu casamento. Que tal orar, parar um pouco, refletir e depois identificar a melhor forma de resolver o impasse.

Use a técnica dos dez segundos, apertando o botão de "pause" e respirando fundo antes de qualquer resposta pode lhe ajudar muito.

### #ficaAdica #SemIra #darrell&marcia

Como tem sido sua vida? Meio explosiva? As palavras não voltam e você sabe disso. Então, o que você já falou que prejudicou muito quem você ama? O que não falaria nunca mais? Que tal agora escrever como será sua resposta quando seu cônjuge não agir como você espera que ele aja?

_____
_____
_____

### VÍDEO – COMO LIDAR COM A IRA?

Abra o seu aplicativo de **QR Code** no seu celular, aproxime a sua câmera da imagem e assista ao vídeo sobre o tema. Caso não tenha o aplicativo, acesse a página do YouTube: **youtube.com/momentoA2**

#  Oração

Diz o ditado que é melhor prevenir do que remediar. E independentemente da caminhada que você tenha, todos nós estamos propensos e ser tentados e cair. Por isso, é muito importante que tenhamos apoio, cuidado e discipulado.

Em dias nos quais a tentação nos ronda, que tal você ter um parceiro de oração ou uma parceira? Alguém que esteja com você para prestar contas das dificuldades e o (a) para que você possa caminhar melhor?

### #ficaAdica #ParceirodeOração #darrell&marcia

Quem é seu parceiro de oração? A quem você presta contas?
_____
_____
_____
_____
_____
_____
_____

### VÍDEO – CASAIS INTELIGENTES ORAM JUNTOS #2

Abra o seu aplicativo de **QR Code** no seu celular, aproxime a sua câmera da imagem e assista ao vídeo sobre o tema. Caso não tenha o aplicativo, acesse a página do YouTube: **youtube.com/momentoA2**

## Tentações

Tem muita gente que constrói uma parede onde deveria existir uma ponte ligando o casal. Pare e pense: O que está afastando vocês dois? Derrube essa parede hoje e construa a aproximação do casal. Essa é uma forma de você proteger seu casamento e não deixar que a tentação bata na porta do seu casamento.

**#ficaAdica #TraiçãoTOfora #darrell&marcia**

O que é hoje uma parede que separa vocês? Como você pode fazer para transformar essa parede em uma ponte? Escreva abaixo.

_____
_____
_____
_____
_____
_____
_____
_____
_____

**VÍDEO – CASAMENTO À PROVA DE TRAIÇÃO**

Abra o seu aplicativo de **QR Code** no seu celular, aproxime a sua câmera da imagem e assista ao vídeo sobre o tema. Caso não tenha o aplicativo, acesse a página do YouTube: **youtube.com/momentoA2**

## Em defesa do casamento

Você é a média das cinco pessoas com quem mais convive. O que elas falam, o que elas creem e o que elas vivem influenciam sua vida. O que você ler, os vídeos aos quais você assiste ou as conversas que você ouve também influenciam os seus valores e suas crenças. Sabe outra coisa que também pode influenciar muito sua vida? O seu tempo. Onde você tem gasto seu tempo? Porque a forma como você gasta seu tempo vai determinar o resultado da sua vida futura. Será que você tem investido tempo com Deus, com coisas que edificam seu casamento, sua família? A Palavra de Deus é mais importante do que a opinião ou mesmo a experiência dos homens, concorda? Você tem sido influenciado (a) pela Palavra de Deus ou pela opinião dos outros?

#ficaAdica #CuidadoComAsInfluências #darrell&marcia

Escreva abaixo como foram as suas últimas 24 horas, com quem você mais conviveu, a que você mais leu, o que você mais assistiu, qual seu tempo com Deus. E depois escreva como quer que seja a partir de agora.

_____

_____

**VÍDEO – COMO ACABAR COM O SEU CASAMENTO #SQN**

Abra o seu aplicativo de **QR Code** no seu celular, aproxime a sua câmera da imagem e assista ao vídeo sobre o tema. Caso não tenha o aplicativo, acesse a página do YouTube: **youtube.com/momentoA2**

42

# Brigas

Muitos casamentos morrem e a doença diagnosticada é **grosseria**. Eles são enterrados por pequenas provocações diárias: "Você comeu meu queijo?" "Cadê meu chocolate?" "De novo a toalha em cima da cama?" "Você apertou o tubo do creme dental no meio?" E em muitos casos com uma grosseria que não é necessária. Será que vale a pena sermos grosseiros por coisas pequenas como essas?

#ficaAdica #cuidadoNÃOehdemais #darrell&marcia

Qual tipo de grosseria você já teve com seu amor e não quer repetir? O que ele (a) já fez com você que o(a) machucou? Que tal você chamá-lo (a) e conversar sobre isso?

_____
_____
_____
_____
_____
_____

### VÍDEO – COMO MUDAR SEU MARIDO OU ESPOSA #2

Abra o seu aplicativo de **QR Code** no seu celular, aproxime a sua câmera da imagem e assista ao vídeo sobre o tema. Caso não tenha o aplicativo, acesse a página do YouTube: **youtube.com/momentoA2**

## Famílias eternas

Tem uma moda que fala que ser pai hoje em dia é uma figura decorativa, que no futuro nem existirá mais. Nós discordamos. Pai e mãe são sagrados e devem ser respeitados. Por mais que o mundo queira mudar os papéis, você não pode renegar a responsabilidade que foi lhe dada de ensinar seus filhos no caminho em que eles devem andar. Por isso, ser pai e mãe de verdade é muito importante, e não apenas ser uma figura decorativa. Um ponto importante é a disciplina, pois amor sem disciplina é irresponsabilidade. Quando há disciplina sem carinho, cria-se filhos revoltados e amargos. Quando se dá carinho sem disciplina, cria-se filhos mimados e imaturos. A boa dosagem de disciplina e amor é o segredo de filhos saudáveis.

### #ficaAdica #DisciplineSeusFilhos #darrell&marcia

Sua relação com seus filhos tem sido decorativa? Você está só passando tempo e esperando que eles se formem, casem e sigam sua vida, ou os têm influenciado para fazerem a diferença neste mundo? Como é a disciplina na sua casa? Como você quer que seja?

_____
_____
_____
_____

### VÍDEO – DISCIPLINA PARA OS FILHOS

Abra o seu aplicativo de **QR Code** no seu celular, aproxime a sua câmera da imagem e assista ao vídeo sobre o tema. Caso não tenha o aplicativo, acesse a página do YouTube: **youtube.com/momentoA2**

## 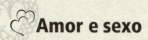 Amor e sexo

Não se esqueça: O homem se excita pelo que vê; já a mulher, pelo que ouve. Então, se a mulher chega e coloca uma lingerie nova, se perfuma, penteia o cabelo e se produz toda, o marido vai saber que tem algo especial esperando por ele. Já o marido, para conquistar a esposa para uma noite fantástica, tem que começar durante todo o dia a falar coisas que são empolgantes e importantes para ela. Lembra dos galanteios no início do namoro? A técnica vale até hoje.

**#ficaAdica #AmorESexo #darrell&marcia**

O que você mais gosta que ela vista? O que você mais gosta que ele fale? Planeje aqui o que você vai fazer para que vocês possam ter uma noite melhor. Que atitudes mudam?

_____
_____
_____
_____
_____
_____

### VÍDEO – COMO SER FELIZ NA CAMA?

 Abra o seu aplicativo de **QR Code** no seu celular, aproxime a sua câmera da imagem e assista ao vídeo sobre o tema. Caso não tenha o aplicativo, acesse a página do YouTube: **youtube.com/momentoA2**

## Comportamento

**Desapreço é o fator mais significativo na separação de casais.** Pessoas que focam nos defeitos do cônjuge perdem 50% das coisas positivas que o companheiro faz, porque veem negatividade em tudo. Elas só enxergam as falhas do outro e se esquecem de tudo que é bom que une os dois. Muitas vezes falam palavras enaltecendo esse lado negativo do outro, o que marca por toda a vida. Querem transformar um erro em uma vida de erros. Se você parar para analisar com calma, aquela falha do seu amor não é maior do que todas as coisas boas que unem vocês. **Cuidado com os rótulos; eles podem afastar, em vez de unir vocês.**

#### #ficaAdica #Elogie #darrell&marcia

Escreva abaixo tudo que tem de positivo nas ações e comportamento do seu cônjuge. Agora foque no que une vocês, e não no que separa.

_____
_____
_____

### VÍDEO – PALAVRAS QUE MARCAM NEGATIVAMENTE

Abra o seu aplicativo de **QR Code** no seu celular, aproxime a sua câmera da imagem e assista ao vídeo sobre o tema. Caso não tenha o aplicativo, acesse a página do YouTube: **youtube.com/momentoA2**

## Comunicação

Se alguma situação ocorre em que você se chateia e sente ciúmes, converse com seu cônjuge, exponha a ele que você não se sentiu bem com aquilo e que ficaria mais feliz se da próxima vez isso não se repetisse. Essa abordagem madura e sem ataques vai lhe dar pontos para conseguir o que quer com seu amor. Muitas vezes nos pegamos, ofendendo, gritando ou nos omitindo. Esses são inimigos da comunicação que só irão nos afastar do nosso cônjuge e da felicidade em nosso relacionamento.

**#ficaAdica #FalandoCerto #darrell&marcia**

O que você não tem falado? Será que tem algo que você não tem exposto da forma certa? Como você poderia se comunicar agora? Escreva abaixo.

_____
_____
_____
_____
_____
_____

### VÍDEO – 4 INIMIGOS DA COMUNICAÇÃO

Abra o seu aplicativo de **QR Code** no seu celular, aproxime a sua câmera da imagem e assista ao vídeo sobre o tema. Caso não tenha o aplicativo, acesse a página do YouTube: **youtube.com/momentoA2**

## Comunicação

O que mais o (a) preocupa, o (a) deixa triste? Indo no profundo do seu coração, quais são suas verdadeiras emoções hoje? O que lhe falta? Não aquilo que você mostra no Facebook, porque normalmente lá tudo é muito perfeito, mas, sim, aquilo que você esconde, talvez em suas conversas de WhatsApp. Será que não é hora de se abrir com seu amor? Dividir isso com ele (a) e pedir ajuda?

**#ficaAdica #ConversemSobreTUDO #darrrell&marcia**

Escreva abaixo suas dores, medos e emoções e dê um passo depois para poder expor ao seu amor. Falar a verdade nem sempre é fácil, mas é libertador.

_____
_____
_____
_____
_____
_____
_____
_____

### VÍDEO – POR QUE AS PESSOAS NÃO FALAM A VERDADE

Abra o seu aplicativo de **QR Code** no seu celular, aproxime a sua câmera da imagem e assista ao vídeo sobre o tema. Caso não tenha o aplicativo, acesse a página do YouTube: **youtube.com/momentoA2**

## Comportamento

Todo homem no início do relacionamento mais parece um gênio da lâmpada mágica. Tudo que a namorada quer ele realiza, está sempre pronto para agradar e em sua maioria são super-românticos. Depois de um tempo de casado, meio que ele se esquece disso e quer tratar sua esposa como se fosse sua mãe, ou até sua empregada. Quer tudo na mão, senta no sofá e só faz pedir e ainda reclama que o feijão não ficou no ponto ou que a roupa está amassada, além de ter o péssimo hábito de desarrumar tudo. Se você quer melhorar o seu relacionamento, precisa entender que mãe é mãe, e esposa é esposa.

**#ficaAdica #AcomodaçãoNão #darrell&marcia**

O que você aprende com isso? Que hábitos você pode mudar? Escreva abaixo.

_____
_____
_____
_____
_____
_____

### VÍDEO – 7 HÁBITOS DOS MARIDOS FRACASSADOS

Abra o seu aplicativo de **QR Code** no seu celular, aproxime a sua câmera da imagem e assista ao vídeo sobre o tema. Caso não tenha o aplicativo, acesse a página do YouTube: **youtube.com/momentoA2**

## Comportamento

Todos nós temos manias. Algumas são até legais, mas há outras que são insuportáveis. Mas até que ponto você tem de aguentar isso?

Uma das piores é o hábito de ameaçar. Sabe aquela pessoa que sempre ameaça, em qualquer briguinha ela solta o lança-chamas e começa a ameaçar? Ela sabe que não vai cumprir a ameaça, mas mesmo assim continua a fazê-lo, e isso machuca. Chega até à ameaça de se separar, levando desgraça para dentro de sua casa.

Pode apenas ser algo repetitivo ou um costume esquisito. O que, porém, você tem que avaliar é quanto isso tem sido prejudicial para o seu relacionamento. É preciso sentar e conversar para que esse tipo de hábito não venha a destruir tudo que vocês já construíram.

### #ficaAdica #NãoAmeace #darrell&marcia

Que tal conversar agora com seu cônjuge? Pergunte que tipo de mania você tem que o incomode e fale das manias dele que têm incomodado você. Liste abaixo quais são.

_____

_____

_____

**VÍDEO – 8 MANIAS QUE PREJUDICAM
O SEU RELACIONAMENTO**

Abra o seu aplicativo de **QR Code** no seu celular, aproxime a sua câmera da imagem e assista ao vídeo sobre o tema. Caso não tenha o aplicativo, acesse a página do YouTube: **youtube.com/momentoA2**

# Cuidado

A depressão é uma das doenças que mais afetam o relacionamento. Quando um dos parceiros passa por isso, é normal que isso abale as estruturas de um lar, daí a importância de cuidarmos das bases do relacionamento. Se elas estão bem estruturadas, mesmo que venha uma tempestade, conseguiremos permanecer firmes, mas, se a estrutura não foi bem feita, podemos perder tudo em uma crise apenas.

Há casos também de familiares que zombam do depressivo, achando que é frescura, corpo mole e fraqueza. Saiba: **a depressão não é uma escolha**. Ninguém acorda e diz: "Eu quero ser depressivo hoje". Precisa de cuidado, amor e tratamento.

### #ficaAdica #CuideDeQuemVocêAma #darrell&marcia

Você se sente triste, pra baixo, às vezes sem vontade de fazer nada? E seu amor? Tem sintomas assim? Avalie com calma, reflita sobre os cuidados que vocês precisam ter um com o outro e anote abaixo como você pode cuidar mais do seu amor.

_____
_____
_____

### VÍDEO – COMO LIDAR COM A DEPRESSÃO

Abra o seu aplicativo de **QR Code** no seu celular, aproxime a sua câmera da imagem e assista ao vídeo sobre o tema. Caso não tenha o aplicativo, acesse a página do YouTube: **youtube.com/momentoA2**

## Brigas

Imagine se colocarmos uma pitada maior de amor ao falar e um toque a mais de paciência ao ouvir? Tente isso hoje em cada contato com seu amor, e experimente a diferença que isso vai ter na diminuição de brigas no seu casamento. **Investir nos relacionamentos é, sim, o segredo para sermos mais felizes**. Se isso é importante nos relacionamentos em geral, imagine no relacionamento mais próximo, que é o entre você e o seu cônjuge? Hoje é o dia de mais amor e paciência. Siga essa receita para ser mais feliz.

**#ficaAdica #AmorePaciência #darrell&marcia**

Como foi para você colocar mais amor em suas palavras e ações no dia de hoje? O que você pode fazer para ter mais paciência no dia a dia com seu cônjuge e filhos? Escreva abaixo.

_____
_____
_____
_____
_____

### VÍDEO – 2 SEGREDOS DOS RELACIONAMENTOS DURADOUROS

Abra o seu aplicativo de **QR Code** no seu celular, aproxime a sua câmera da imagem e assista ao vídeo sobre o tema. Caso não tenha o aplicativo, acesse a página do YouTube: **youtube.com/momentoA2**

## Famílias eternas

Existem regras em sua casa? Seus filhos as conhecem? Coloque em um papel todas as normas e limites que você como mãe ou pai achar necessário para a educação de seus filhos. Depois, explique a eles item por item e deixe-os cientes de suas responsabilidades e consequências. Essa é a melhor forma de eles saberem que o combinado não sai caro e de que para cada erro existe um preço a ser pago. **Se você não ensinar agora, a vida vai ensinar, com um preço muito mais caro, amanhã a eles**.

#ficaAdica #disciplina #darrell&marcia

As coisas têm sido claras em sua casa? Como você pode estabelecer regras, princípios e acordo para todos da família? Que tal você escrever isso? Escreva já aqui e depois passe para outro papel, a fim de que todos possam conversar e aceitar como um acordo da família.

_____
_____
_____
_____

### VÍDEO – FAMÍLIAS QUE BRIGAM

Abra o seu aplicativo de **QR Code** no seu celular, aproxime a sua câmera da imagem e assista ao vídeo sobre o tema. Caso não tenha o aplicativo, acesse a página do YouTube: **youtube.com/momentoA2**

## Amor e sexo

Para esquentar a noite, que tal receber seu cônjuge de forma diferente? Imagine só: ele chega em casa, e você espalhou pétalas de rosas, da entrada até o quarto, fez um coração na cama com as rosas, borrifou gotas de perfume, acendeu uma luz vermelha, velas, e pôs uma música romântica a tocar. Isso cria uma fantasia, e esse tipo de fantasia é saudável para o relacionamento de vocês.

### #ficaAdica #NoiteRomântica #darrell&marcia

Escreva abaixo o que seria uma noite fantástica e diferente para o seu amor. O que deveria ter nessa noite?

___
___
___
___
___
___
___
___
___

### VÍDEO – 5 FORMAS DE SEDUZIR SUA ESPOSA

Abra o seu aplicativo de **QR Code** no seu celular, aproxime a sua câmera da imagem e assista ao vídeo sobre o tema. Caso não tenha o aplicativo, acesse a página do YouTube: **youtube.com/momentoA2**

# Famílias eternas

Muitas casas estão deixando de ser um lar, lugar de harmonia e de paz como Deus projetou, para se transformar em campos de batalha, em razão do egoísmo, das intrigas e da discórdia. E principalmente pelas palavras duras que muitas vezes disparamos contra quem mais amamos. Quem nunca falou algo para um filho de que se arrependeu? Quantas vezes não gostaríamos de poder voltar e retirar uma palavra de maldição que proferimos contra uma criança? Mude isso, invista na sua família, repense como fala com seus filhos.

### #ficaAdica #FamiliaLocaldePaz #darrell&marcia

Será que você fala no tom e da forma corretos com seus filhos? E com seu marido, sua esposa? Há frases com que você foi marcado (a) na sua infância, que seu pai ou sua mãe lhe disseram e que mexeram negativamente com você? Quais frases você não deve mais falar para seus filhos ou para seu cônjuge. Escreva abaixo.

_____
_____
_____

### VÍDEO – 10 FRASES QUE OS PAIS NÃO DEVEM FALAR AOS FILHOS

Abra o seu aplicativo de **QR Code** no seu celular, aproxime a sua câmera da imagem e assista ao vídeo sobre o tema. Caso não tenha o aplicativo, acesse a página do YouTube: **youtube.com/momentoA2**

## Papéis

Deus criou a mulher com um propósito: ser auxiliadora do homem em sua jornada aqui na terra. Se a mulher desempenhar bem esse papel, pode levar um homem à felicidade, do contrário, ela pode destruir qualquer homem. Por isso que a própria Bíblia diz que a mulher sábia edifica a sua casa (Pv 14.1). Portanto, mulher, seja sábia, entenda o seu propósito na sua família e aja com sabedoria na construção de uma vida melhor. Procure em todas as situações agir com sabedoria, em vez de agir por impulso.

**#ficaAdica #AssumaSeuPapel #darrell&marcia**

Como tem sido isso no seu dia a dia? Você tem sido uma mulher sábia que edifica o seu lar? Sua esposa é assim? Anote abaixo que atitudes você precisa mudar para poder assumir esse papel.

_____
_____
_____
_____
_____
_____

### VÍDEO – 5 ATITUDES DA ESPOSA EFICAZ

Abra o seu aplicativo de **QR Code** no seu celular, aproxime a sua câmera da imagem e assista ao vídeo sobre o tema. Caso não tenha o aplicativo, acesse a página do YouTube: **youtube.com/momentoA2**

# Em defesa do casamento

Casamento não é unidade. Unidade são duas coisas que se juntam. **Casamento é unicidade, que são duas coisas que se fundem para serem só uma**. E se vocês são apenas um, porque você briga tanto com sua melhor parte? Pare e lembre-se que vocês são um. Nunca mais profetize palavras de maldição em sua casa, falando de separação ou divórcio. Essas são palavras malditas, que trazem o mal para um lar que tem de ser bênção.

### #ficaAdica #SeparaçãoNÃO #darrell&marcia

No auge de suas brigas, você têm o hábito de trazer palavras amaldiçoadoras para sua casa? Como você pode mudar isso a partir de agora, entendendo que você e seu amor são uma só carne? Escreva abaixo. Novos comportamentos, grandes ganhos.

_____
_____
_____
_____
_____
_____

### VÍDEO – CASAMENTO, PRESENTE DE DEUS

Abra o seu aplicativo de **QR Code** no seu celular, aproxime a sua câmera da imagem e assista ao vídeo sobre o tema. Caso não tenha o aplicativo, acesse a página do YouTube: **youtube.com/momentoA2**

## Tentações

O mundo vai lhe mostrar atalhos que podem até parecer prazerosos, mas lembre-se: para Deus, os fins nunca justificam nem santificam os meios. Pense bem se suas atitudes hoje colocam em risco a sua família. Porque a carne sempre vai lhe dar motivos para pecar, mas nunca vai estar lá para o (a) consolar. Apenas um instante pode destruir o que foi construído durante toda uma vida. Cuide do presente que Deus lhe deu.

**#ficaAdica #FamíliaEmPrimeiroLugar #darrell&marcia**

O que você aprende com isso? De que tentações e atalhos você precisa correr? Escreva abaixo. Aprendizado gera transformação e anotar faz você aprender.

_____
_____
_____
_____
_____
_____
_____

### VÍDEO – VENCENDO AS TENTAÇÕES

Abra o seu aplicativo de **QR Code** no seu celular, aproxime a sua câmera da imagem e assista ao vídeo sobre o tema. Caso não tenha o aplicativo, acesse a página do YouTube: **youtube.com/momentoA2**

## 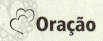 Oração

É muito mais comum termos esposas que oram por seu marido, mas para qualquer esposa seria uma grande demonstração de amor saber que seu marido ora por ela. As mulheres até acham muito bom ouvir do marido um "Eu te amo", "Você é a mulher da minha vida", "Cada dia que passa me apaixono mais por você", mas nada se compara com o marido olhar para ela e dizer: "Amor, estou orando por você".

### #ficaAdica #OpoderdaOração #darrell&marcia

Você já falou isso para sua esposa? Você que é esposa ficaria muito feliz de ouvir isso do seu marido? Que tal contar para ele quanto isso seria importante na sua vida? Escreva abaixo o que aconteceu na vida de vocês depois que começaram esse novo hábito.

_____
_____
_____
_____
_____
_____
_____

### VÍDEO – O PODER DO MARIDO QUE ORA

 Abra o seu aplicativo de **QR Code** no seu celular, aproxime a sua câmera da imagem e assista ao vídeo sobre o tema. Caso não tenha o aplicativo, acesse a página do YouTube: **youtube.com/momentoA2**

##  Invista

Sabe aqueles investimentos da época do namoro? Cartinhas, flores, chocolates? Você se lembra daquilo que mais impressionava e deixava feliz o seu amor? O que você fez no primeiro mês em que vocês se conheceram? Quais eram os presentes, as lembranças, ações e palavras? Seria maravilhoso poder relembrar isso, não seria? Que tal hoje repetir aquilo e relembrar o tempo de namoro?

**#ficaAdica #surpreenda #darrell&marcia**

Escreva abaixo tudo que vocês faziam na época de namoro e o que você pode voltar a fazer novamente esta semana para criar aquele clima gostoso. Casar é poder namorar a vida toda. Então, mão na massa!

_____
_____
_____
_____
_____

### VIDEO – CASADO TAMBÉM NAMORA

Abra o seu aplicativo de **QR Code** no seu celular, aproxime a sua câmera da imagem e assista ao vídeo sobre o tema. Caso não tenha o aplicativo, acesse a página do YouTube: **youtube.com/momentoA2**

# Famílias eternas

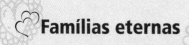

Sua casa até pode ser de cimento e tijolos, mas o **seu lar é construído de valores e princípios**. Isso é claro na sua família? Seus filhos vivem quais princípios? Você conversa com seu cônjuge sobre os valores que vocês devem ter? Qual caminho você tem trilhado para os seus filhos?

Pare e pense agora se a vida que você tem de casal é o seu desejo para os seus filhos? Se os princípios e valores que você tem hoje seriam os que você sonha que eles tenham em suas vidas.

**#ficaAdica #família #darrell&marcia**

Escreva abaixo quais são os princípios e valores que você quer seguir a partir de agora para sua família.

_____
_____
_____
_____
_____
_____
_____

### VÍDEO – FAMÍLIAS ETERNAS

Abra o seu aplicativo de **QR Code** no seu celular, aproxime a sua câmera da imagem e assista ao vídeo sobre o tema. Caso não tenha o aplicativo, acesse a página do YouTube: **youtube.com/momentoA2**

## Comportamento

Muita gente se envolve nas mentirinhas do dia a dia, coisas que não trazem problemas reais, mas que vão nos envolvendo, envolvendo, e um dia poderão nos prejudicar. Uma pequena mentira pode até parecer não comprometedora, mas quem mente por algo pequeno vai mentir por algo grande também.

**A mentira vai minar a confiança em seu relacionamento** e, dia a dia, vai deixar vocês dois mais distantes um do outro, pois você já não sabe realmente se deve ou não confiar naquela pessoa.

E fala sério: não tem nada melhor do que você poder olhar para alguém e ter certeza que você pode confiar nela. É muito importante isso, e só pode ser construído dia a dia, de verdade em verdade.

#### #ficaAdica #VerdadeSempre #darrell&marcia

Você tem o hábito de pequenas mentiras? Às vezes um vestido que comprou e disse que não era novo, ou uma saída com os amigos e disse que estava em outro lugar para não receber reclamação? O que você tem comunicado que não seria o certo? Escreva abaixo como será a partir de agora.

_____
_____
_____

### VÍDEO – POR QUE AS PESSOAS MENTEM?

Abra o seu aplicativo de **QR Code** no seu celular, aproxime a sua câmera da imagem e assista ao vídeo sobre o tema. Caso não tenha o aplicativo, acesse a página do YouTube: **youtube.com/momentoA2**

#  Brigas

Toda mulher tem uma época no mês em que está "treinada para matar", uma fase delicada onde qualquer trisca pode virar uma avalanche em seu casamento. Os homens não conseguem entender. Muitos nem respeitam isso. Mas vai você, homem, passar pelo que elas passam. Com certeza não aguentaria. É por isso que Deus faz tudo perfeito e deu o período menstrual para a mulher e a fase de aguentar a **TPM** para os homens. Equilibrar isso é fundamental para que vocês tenham um relacionamento melhor. Para as esposas o recado: avisem a seu marido que aquela fase começou antes de você ficar atacada em casa. Isso vai fazer com que ele se previna e menos acidentes ocorram.

### #ficaAdica #RespeiteaTPM #darrell&marcia

Escreva abaixo o que você pode fazer durante esse período de TPM para que seja uma fase que passe mais tranquila entre vocês. Que comportamentos devem ser evitados, quais conversas não devem ser tratadas?

_____
_____
_____

### VÍDEO – COMO SOBREVIVER À TPM E PERMANECER CASADO

Abra o seu aplicativo de **QR Code** no seu celular, aproxime a sua câmera da imagem e assista ao vídeo sobre o tema. Caso não tenha o aplicativo, acesse a página do YouTube: **youtube.com/momentoA2**

## Famílias eternas

Você precisa viver de uma forma que, quando seus filhos pensarem em união, harmonia, cordialidade, respeito, integridade e honestidade, eles se lembrem de você. Será que é assim? Você hoje é um exemplo para eles? Exemplo de quê? **Se você fosse orar hoje, poderia orar a Deus pedindo que seus filhos quando crescerem sejam iguais a você?** Com os mesmos comportamentos, valores, costumes? Ou você sonha com algo diferente para eles? E se você sonha diferente para eles, por que você não muda em você?

**Se seus filhos fossem avaliar você hoje, sem que você estivesse por perto, que nota eles dariam a você?**

Pense no legado que você precisa deixar na vida deles.

#### #ficaAdica #legado #darrell&marcia

Difícil essa dica, não é? Ela nos leva a refletir que talvez precisemos fazer bem mais e melhor. Ainda bem por isso. O que nos incomoda nos transforma, e é essa nossa proposta. Escreva abaixo o que você acredita que precisa fazer diferente para deixar um legado melhor para seus filhos. O que falta para que sua nota melhore?

_____

_____

---

### VÍDEO – AS 7 MAIORES FALTAS NO CASAMENTO

Abra o seu aplicativo de **QR Code** no seu celular, aproxime a sua câmera da imagem e assista ao vídeo sobre o tema. Caso não tenha o aplicativo, acesse a página do YouTube: **youtube.com/momentoA2**

# Papéis

Há um tipo bem comum de esposa, que atrapalha muito o seu próprio relacionamento. Há uma delas, inclusive, que ninguém aguenta, às vezes nem ela mesma; imagine, então, o marido! Ela exagera em dificultar o seu próprio relacionamento, faz coisas que cada dia mais afastam seu marido e abrem brechas para a traição e até para o divórcio.

Normalmente essa esposa assume o perfil de coitadinha, dramática. Ela se julga inferior e em casa não decide nada, não manda em nada e joga tudo nas costas do marido.

A Bíblia não ensina que há superioridade ou inferioridade no corpo de Cristo; todos somos iguais. O que existe são funções diferentes. Entenda sua função, converse abertamente com seu marido e dividam o que é a responsabilidade de cada um em casa.

**#ficaAdica #ConversandoSeEntende #darrell&marcia**

Quais papéis você exerce hoje que não gostaria de exercer? O que limita você? Escreva abaixo e depois sente com seu amor e resolvam juntos como fazer.

_____

_____

### VÍDEO – 8 TIPOS DE ESPOSAS

Abra o seu aplicativo de **QR Code** no seu celular, aproxime a sua câmera da imagem e assista ao vídeo sobre o tema. Caso não tenha o aplicativo, acesse a página do YouTube: **youtube.com/momentoA2**

##  Propósitos

Você prometeu ser fiel, amar e respeitar seu cônjuge na alegria e na tristeza, na saúde e na doença. Foi um momento marcante, no qual vocês pediram a bênção de Deus para o casamento. E agora? É na alegria e na tristeza, ou vocês já se esqueceram dos mandamentos básicos do casamento? A traição pode ser de corpos, emocional, financeira. Se não há cumplicidade, existe uma falta, e isso pode ser suprido com algo de fora do casamento, mas não é o correto. Entregue-se totalmente ao seu casamento. O relacionamento A2 não é algo que você dá 50% e seu cônjuge 50%; assim, você só está entrando com a metade. **Para dar certo mesmo, você precisa colocar os dois pés, entrar com 100% nisso.**

Renovem essas promessas.

#### #ficaAdica #VivaAsPromessas #darrell&marcia

O que você acha das promessas do casamento que você ainda não está vivendo ou deixou de viver? O que você pode mudar a partir de agora? Escreva abaixo. Quem escreve, reforça; quem reforça, aprende.

_____
_____
_____

### VÍDEO – POR QUE AS PESSOAS TRAEM?

Abra o seu aplicativo de **QR Code** no seu celular, aproxime a sua câmera da imagem e assista ao vídeo sobre o tema. Caso não tenha o aplicativo, acesse a página do YouTube: **youtube.com/momentoA2**

##  Invista

Valorize o que Deus lhe deu. O homem que sabe valorizar uma mulher, este, sim, pode chamá-la de sua, não pelo sentimento de posse, mas por ela não querer ser de mais ninguém. Ela é tão valorizada e feliz de ter esse homem que nem passa pela cabeça dela que Deus poderia ter mandado outro.

### #ficaAdica #ValorizeQuemTeAma #darrell&marcia

Isso é real para vocês hoje? Você é esse homem para sua mulher? E você é essa mulher para esse homem? O que precisa fazer para conseguir isso? Escreva abaixo.

_____
_____
_____
_____
_____
_____
_____

### VÍDEO – AS 5 ATITUDES DO MARIDO EFICAZ

Abra o seu aplicativo de **QR Code** no seu celular, aproxime a sua câmera da imagem e assista ao vídeo sobre o tema. Caso não tenha o aplicativo, acesse a página do YouTube: **youtube.com/momentoA2**

## Papéis

Você quer seu marido perdidamente apaixonado por você? Ele precisa, sim, de sexo, mas não apenas de sexo; homem também valoriza demonstrações de afeto, como beijos, abraços e elogios, de preferência aqueles que atestam a masculinidade e liderança deles. Tudo que fizer com que se sinta poderoso e protetor da família o faz sentir bem. **Mas nada se compara com uma esposa que sabe respeitá-lo**. Se quer mesmo vê-lo com os "quatro pneus arreados", aprenda a respeitá-lo como o homem da casa.

#### #ficaAdica #ConquistaComRespeito #darrell&marcia

Que atitudes você tinha que não demonstravam respeito pelo seu marido? Que atitudes sua esposa tem que não demonstra respeito por você? Que tal anotar e depois conversar com seu cônjuge?

_____
_____
_____
_____

### VÍDEO – 10 COISAS QUE TODO HOMEM ESPERA DE UMA MULHER

Abra o seu aplicativo de **QR Code** no seu celular, aproxime a sua câmera da imagem e assista ao vídeo sobre o tema. Caso não tenha o aplicativo, acesse a página do YouTube: **youtube.com/momentoA2**

# Em defesa do casamento

O caminho do sucesso muitas vezes passa por aprendermos com nossos erros. Se você quer ter sucesso em seu casamento, avalie em que pontos vocês têm errado, em que pontos vocês podem melhorar. Nós mesmos, erramos muito ainda, mas estamos todos os dias avaliando como ter uma **#vidaA2** ainda melhor. Vocês têm o hábito de sentar e conversar para avaliar os erros e acertos? Que tal tentar começar esse hábito hoje?

#ficaAdica #AvalieOsErros #darrell&marcia

Quais são os seu maiores erros hoje? Qual atitude você tem tomado ou deixado de tomar que faz com que seu cônjuge fique infeliz? Escreva abaixo.

_____
_____
_____
_____
_____
_____
_____

**VÍDEO – 7 MANEIRAS DE FAZER SEU MARIDO INFELIZ**

 Abra o seu aplicativo de **QR Code** no seu celular, aproxime a sua câmera da imagem e assista ao vídeo sobre o tema. Caso não tenha o aplicativo, acesse a página do YouTube: **youtube.com/momentoA2**

## ♡ Conquista

Toda mulher sonha com um príncipe encantado. Desde pequena, assiste àqueles contos de fadas e sonha que seu marido seja daquele jeito. Depois que casa, ela cai na real; a realidade é um pouco diferente. Mas tem que ser assim? Ou você pode ser o príncipe "encantado" da sua amada? Para isso, é muito importante que você a ame em todos os detalhes e a todo momento. **Se algo que vai fazer que sua esposa se realize é ela se sentir amada por você**, em gestos, palavras e sentimento. Por isso, a pedida de hoje é você amá-la mais. Que tal um presentinho, um buquê de flores, um filme romântico ou um jantar à luz de velas? Prepare algo que demonstre amor; ela vai ficar encantada por esse príncipe que é você.

**#ficaAdica #ConquistaNosDetalhes #darrell&marcia**

Escreva abaixo sua agenda para hoje, o que você vai fazer para demonstrar amor por ela. Se você é a esposa, o que gostaria que ele fizesse?

_____
_____
_____

### VÍDEO – 10 COISAS QUE A MULHER ESPERA DE UM HOMEM

Abra o seu aplicativo de **QR Code** no seu celular, aproxime a sua câmera da imagem e assista ao vídeo sobre o tema. Caso não tenha o aplicativo, acesse a página do YouTube: **youtube.com/momentoA2**

## ♡ Finanças

Dinheiro pode ser usado para proporcionar mais conforto, mas é incapaz de garantir um casamento bem-sucedido. Não deixe que ele seja o mais importante na sua família. Vida íntegra, amor, paciência, gentileza e compaixão, isso é que gera relacionamentos verdadeiros e significativos em sua casa.

### #ficaAdica #AmeMais #darrell&marcia

Como tem sido a relação com o dinheiro na casa de vocês? Descreva aqui o que você acredita que precisa melhorar.

_____
_____
_____
_____
_____
_____
_____
_____

### VÍDEO – COMO VENCER A CRISE FINANCEIRA E PERMANECER JUNTOS

Abra o seu aplicativo de **QR Code** no seu celular, aproxime a sua câmera da imagem e assista ao vídeo sobre o tema. Caso não tenha o aplicativo, acesse a página do YouTube: **youtube.com/momentoA2**

## Amor e sexo

Quer empolgar seu amor na cama? Ótimo, o sexo é uma bênção de Deus para ser desfrutada no casamento. Mas lembre-se: tudo é permitido, mas nem tudo convém (1Co 6.12). Então, vale refletir se algo fere a dignidade do cônjuge ou a Palavra de Deus. Para que vocês possam ter um sexo puro e frutífero e que seja bom para os dois, o respeito ao outro é fundamental.

**#ficaAdica #PodeOuNãoPode #darrell&marcia**

Como é hoje a vida sexual de vocês? Tem algo que você faz que não gostaria? Já falou para o seu cônjuge? Tem algo que você não faz e gostaria de fazer? Chegou a hora de vocês conversarem sobre isso. Escreva abaixo.

_____
_____
_____
_____
_____
_____

### VÍDEO – O QUE PODE E O QUE NÃO PODE

Abra o seu aplicativo de **QR Code** no seu celular, aproxime a sua câmera da imagem e assista ao vídeo sobre o tema. Caso não tenha o aplicativo, acesse a página do YouTube: **youtube.com/momentoA2**

##  Brigas

Será que tudo acontece por causa dele? Será que o problema financeiro é culpa dele? Será que o menino malcriado é culpa dela? Por que temos que brigar por isso? Será que estamos em uma competição onde um tem que ganhar e o outro perder? **No casamento, quando um ganha, os dois perdem**. Finalize a competição e comece um jogo com os dois do mesmo lado. Culpar apenas ele ou ela, e achar que você pode mudar o seu cônjuge, é insistir batendo na mesma tecla. Chegou a hora de mudar.

### #ficaAdica #GuerraNÃO #darrell&marcia

O que você tem feito no dia a dia para tentar mudar o seu cônjuge? Anote abaixo as cinco coisas que você gostaria que ele mudasse? Depois anota as cinco coisas que você acredita que ele gostaria que você mudasse. Sem dúvida sua lista será mais fácil falando dele, mas talvez você devesse dedicar um tempo maior pensando no que deve mudar em si próprio.

_____

_____

### VÍDEO – COMO MUDAR O SEU MARIDO OU SUA ESPOSA #1

Abra o seu aplicativo de **QR Code** no seu celular, aproxime a sua câmera da imagem e assista ao vídeo sobre o tema. Caso não tenha o aplicativo, acesse a página do YouTube: **youtube.com/momentoA2**

## Em defesa do casamento

Tem homem que dispõe de tempo para tudo: para o trabalho, para os amigos, para o futebol, até para ficar com os parentes, mas nunca tem tempo para a esposa, para estar com ela, cultivar o relacionamento e cativá-la. Do outro lado, a "mulher maravilha", lava, passa, cozinha, cuida do menino, escova o cabelo, faz unha, trabalha fora e ainda vai para a academia e tem trinta grupos no WhatsApp, mas nunca tem tempo para se dedicar a um namoro saudável com o marido. **Essa falta de reservar um tempo corrói o casamento e um dia vai fazer de vocês dois apenas bons amigos vivendo debaixo de um mesmo teto.**

#ficaAdica #digaNÃOaodivórcio #darrell&marcia

Como você precisa dedicar um tempo para vocês dois? Escreva abaixo como será esse tempo.

_____
_____
_____
_____

### VÍDEO – 5 MARCAS DE UM CASAMENTO FRACASSADO

Abra o seu aplicativo de **QR Code** no seu celular, aproxime a sua câmera da imagem e assista ao vídeo sobre o tema. Caso não tenha o aplicativo, acesse a página do YouTube: **youtube.com/momentoA2**

##  Papéis

As mulheres querem sempre proximidade, de preferência máxima, por isso sempre querem você, marido, grudado com ela. Elas se sentem acolhidas e cuidadas, bem diferentes do homem, que, quando sente muito apegada, já se incomoda, mais ainda quando tem que ficar dando satisfação de onde tá, fazendo o que e com quem. Homem gosta mesmo é de estar no controle, daí a necessidade de não querer dar satisfação. Ele quer ter o controle total, primeiro, da vida dele. Homem adora controle, motivo pelo qual, quando criança, os seus brinquedos tinham controle remoto e, quando adultos, não saem da frente da televisão. Entender e respeitar essa diferença irá ajudar muito para que você possa ter um casamento ainda melhor.

**#ficaAdica #CadaUmNoSeuQuadrado #darrell&marcia**

Como é isso para você? Você, como esposa, é muito apegada? Deixa seu marido controlar, ou você quer ter o controle? E você, marido, tem respeitado a necessidade de sua esposa de estar sempre por perto? Escreva abaixo.

_____
_____

### VÍDEO – PROXIMIDADE OU CONTROLE O QUE É MELHOR?

 Abra o seu aplicativo de **QR Code** no seu celular, aproxime a sua câmera da imagem e assista ao vídeo sobre o tema. Caso não tenha o aplicativo, acesse a página do YouTube: **youtube.com/momentoA2**

##  Oração

Existe algo nas atitudes do seu amor que preocupa você? Tem algo que você não suporta? Alguma coisa que sempre quando ele repete que o (a) irrita? Ore por isso. **A oração tem o poder de mudar coisas que nem imaginamos e é muito mais eficiente do que ficarmos reclamando.** Pare e pense no que você pode fazer para que seu cônjuge seja mais feliz, pois uma pessoa mais feliz normalmente irrita menos, preocupa menos e traz muito menos problemas para nós.

#ficaAdica #OpoderdaOração #darrell&marcia

Escreva abaixo o que mais o (a) preocupa em seu cônjuge e faça disso um motivo de oração.

_____
_____
_____
_____
_____
_____

### VÍDEO – 8 PASSOS PARA SER FELIZ

 Abra o seu aplicativo de **QR Code** no seu celular, aproxime a sua câmera da imagem e assista ao vídeo sobre o tema. Caso não tenha o aplicativo, acesse a página do YouTube: **youtube.com/momentoA2**

# Cuidado

Como está o seu amor pela pessoa a quem você o declarou um dia? Mais forte e mais agradável, ou já foi melhor? Um copo d'água seria suficiente para acabar de apagá-lo? Ou nem um rio inteiro poderia fazê-lo? Você tem se mantido encantado com a pessoa a quem ama? Se você acha que seu casamento "não está lá essas coisas", **é preciso urgentemente pedir ao Senhor, de todo o coração, que reacenda a labareda do amor** e que você pare e analise se tem algo que está fazendo que deixa o outro infeliz.

#ficaAdica #DeusnoComando #darrell&marcia

Avalie sinceramente quais erros você pode está cometendo hoje para não ter o casamento dos seus sonhos?

___
___
___
___
___
___

---

**VÍDEO – 7 MANEIRAS DE FAZER SUA ESPOSA INFELIZ SEM DIZER UMA PALAVRA**

Abra o seu aplicativo de **QR Code** no seu celular, aproxime a sua câmera da imagem e assista ao vídeo sobre o tema. Caso não tenha o aplicativo, acesse a página do YouTube: **youtube.com/momentoA2**

##  Invista

Que tal você fazer essa declaração para seu amor: "Deus mudou o seu caminho até o juntar ao meu e guardou a sua vida separando-a para mim. Para onde você for, irei; onde você pousar, pousarei. Seu Deus será o meu Deus. Seu caminho será o meu" (cf. Rt 1.16,17)?

Essa é uma declaração de compromisso, de aliança, de entrega. **Talvez seja isso que falte nos casamentos hoje em dia, que as pessoas se comprometam ao extremo**. Será que você tem condições de dizer isso hoje? De todo o coração, se ainda não o fez, peça ajuda a Deus e faça-o.

### #ficaAdica #bíbliaéAMOR #darrell&marcia

O que impede você de fazer uma declaração tão profunda como essa? Escreva abaixo seus impedimentos, leia de novo a declaração acima e pense no que será necessário fazer para que essa possa ser uma declaração de vida em seu casamento.

_____
_____
_____

### VÍDEO – 10 MANEIRAS DE FAZER SEU MARIDO FELIZ TODOS OS DIAS

Abra o seu aplicativo de **QR Code** no seu celular, aproxime a sua câmera da imagem e assista ao vídeo sobre o tema. Caso não tenha o aplicativo, acesse a página do YouTube: **youtube.com/momentoA2**

## Tempo de amar

Vocês têm aquela música do tempo de namoro, não têm? Que tal montar um repertório especial, sentar os dois no terraço ou na varanda e curtirem aquelas músicas que marcaram a vida de vocês? Se ainda não têm uma música de vocês, é muito importante que busquem uma música que toque vocês, que possa marcar o momento de estarem juntos se curtindo. Esse tempo do casal, com uma música ao fundo, libera emoção e marca positivamente a vida de vocês. Na verdade, são esses momentos que permanecem. Não se esqueçam disso.

**#ficaAdica #surpreenda #darrell&marcia**

Anote abaixo quais são as músicas que marcaram vocês.
_____
_____
_____
_____
_____
_____

**VÍDEO – 10 MANEIRAS DE FAZER SUA ESPOSA FELIZ TODOS OS DIAS**

Abra o seu aplicativo de **QR Code** no seu celular, aproxime a sua câmera da imagem e assista ao vídeo sobre o tema. Caso não tenha o aplicativo, acesse a página do YouTube: **youtube.com/momentoA2**

## Comportamento

Muitas pessoas adoram ser colocadas como as vítimas da história. Várias inclusive se prejudicam por querer sempre ser as coitadinhas. Independentemente da situação, elas sempre são as perseguidas, humilhadas e prejudicadas.

Mas será mesmo que sempre temos de que nos colocar nesse lugar? Ou seria mais saudável mudar esse papel?

Há um ditado que diz: **"Mude a si mesmo, e tudo mudará a seu redor"**, e isso pode ser verdade no seu relacionamento. Se você tem se colocado no papel de vítima na sua relação, **é hora de mudar a cara de tristeza para uma de alegria**. Jesus disse que veio para que você tenha vida e vida em abundância (cf. Jo 10.10). **Uma vida em abundância não combina com murmuração nem com ficar buscando culpados**; é hora de investir e cuidar do seu relacionamento e buscar o melhor de Deus para sua vida.

#ficaAdica #VidaEmAbundancia #darrell&marcia

Que atitudes tem uma pessoa que deseja vida em abundância? Descreva como essa pessoa agiria em todas as situações e depois pense no que você precisa mudar.

_____

_____

_____

### VÍDEO – COMO DEIXAR O PAPEL DE VÍTIMA

Abra o seu aplicativo de **QR Code** no seu celular, aproxime a sua câmera da imagem e assista ao vídeo sobre o tema. Caso não tenha o aplicativo, acesse a página do YouTube: **youtube.com/momentoA2**

## ♡ Em defesa do casamento

Temos encontrado pessoas com muito tempo de casados e que nunca dedicaram um tempo para olhar nos olhos do seu amor. Nossa proposta agora é que você esqueça tudo. Durante cinquenta segundos olhe somente dentro dos olhos dele (a), de forma profunda e dedicada. Esqueça o mundo e foque na pessoa que você ama.

Será sua forma de amar, sem precisar tocar ou falar.

É você dizer: "Você é tão importante para mim, que parei o mundo só para olhar para você."

### #ficaAdica #OlhosNosOlhos #darrell&marcia

Como foi parar tudo e só se conectar com seu amor? Mande--nos uma foto pelas redes sociais @darrellemarcia e coloque a **#OlhosNosOlhos**, queremos compartilhar com você esse momento.

___
___
___
___

### VÍDEO – QUEM BEIJA MAIS É MAIS FELIZ

Abra o seu aplicativo de **QR Code** no seu celular, aproxime a sua câmera da imagem e assista ao vídeo sobre o tema. Caso não tenha o aplicativo, acesse a página do YouTube: **youtube.com/momentoA2**

## ♡ Intimidade

Quando pensamos em um casal feliz na cama, pensamos em um casal feliz fora dela também. Ter uma vida sexual estimulante requer, antes de tudo, uma vida de intimidade no dia a dia. Vocês têm intimidade além da cama? Será que não está na hora de conversar sobre isso?

**#ficaAdica #MaisIntimidadePorFavor #darrell&marcia**

Como você vê a intimidade de vocês? Você se abre completamente para ele (a)? Em que áreas você acha que precisa buscar mais intimidade? Escreva abaixo.

_____
_____
_____
_____
_____
_____
_____
_____
_____

### VÍDEO – MAIS INTIMIDADE PARA O CASAL

Abra o seu aplicativo de **QR Code** no seu celular, aproxime a sua câmera da imagem e assista ao vídeo sobre o tema. Caso não tenha o aplicativo, acesse a página do YouTube: **youtube.com/momentoA2**

## Amor e sexo

Poucos casais conversam abertamente sobre sexo. Acabam tendo uma vida sexual de migalhas, quando poderiam ter um banquete em casa, esperando por eles.

Alguns maridos alimentam fartamente e deixam a parceira morrendo de fome. Outros fogem para a pornografia e destroem de vez o leito sagrado. Por mais que você ache que não tem nada de mais a pornografia **é um lixo que você está levando para sua casa e que um dia vai contaminar por completo e destruir sua família**.

#### #ficaAdica #PornografiaNÃO #darrell&marcia

Você frequenta algum grupo de WhatsApp que veicula vídeos obscuros? Tem entrado em *sites* que tem conteúdo duvidoso? Esta é a hora de mudar esse comportamento. Escreva abaixo o que você precisa evitar para proteger sua família.

_____
_____
_____
_____

### VÍDEO – PORNOGRAFIA #TOFORA

Abra o seu aplicativo de **QR Code** no seu celular, aproxime a sua câmera da imagem e assista ao vídeo sobre o tema. Caso não tenha o aplicativo, acesse a página do YouTube: **youtube.com/momentoA2**

## ♡ Finanças

A saúde financeira da sua família não depende do que você ganha, mas, sim, de como vocês gastam, e **muita gente tem acumulado dívidas que vão sufocar a família**. Vivem um padrão de vida acima do que podem, e essa necessidade de mostrar algo que não é o real vai enforcá-los lá na frente. Se você sente que isso acontece na sua casa, conversem e mudem tal prática.

### #ficaAdica #FaleSobreDinheiro #darrell&marcia

Escreva abaixo como tem sido o comportamento financeiro na sua casa? Vocês têm saúde financeira? Sabem controlar bem as receitas e as despesas? No nosso *site* temos uma planilha de gestão familiar gratuita. Acesse-o e faça usa dela (www.darrellemarcia.com.br). Mas não deixe de anotar o que você precisa fazer agora.

_____
_____
_____
_____

### VÍDEO – 5 ATITUDES DA ESPOSA EFICAZ

Abra o seu aplicativo de **QR Code** no seu celular, aproxime a sua câmera da imagem e assista ao vídeo sobre o tema. Caso não tenha o aplicativo, acesse a página do YouTube: **youtube.com/momentoA2**

# Brigas

Sentir raiva é normal. **O importante é como você escolhe lidar com a sua raiva**. Não negue que ela existe. Avalie se realmente isso é motivo para você ficar com tanta raiva ou é apenas um mal-entendido. Muitas vezes ele (a) errou sem querer. Parta sempre do princípio que existe boa intenção. **Seu cônjuge não é seu inimigo**. Coloque-se no lugar dele. Ore a Deus antes de ir conversar com seu amor e evite ofensas ou xingamentos. Pois esse tipo de coisa só afasta você de Deus e da pessoa que você ama.

**#ficaAdica #AmoreRaiva #darrell&marcia**

Como você se comportava antes quando ficava com raiva do seu amor? E agora, em que você pode mudar? Que atitudes podem ser diferentes? Escreva abaixo.

_____
_____
_____
_____
_____

### VÍDEO – AMOR E RAIVA

Abra o seu aplicativo de **QR Code** no seu celular, aproxime a sua câmera da imagem e assista ao vídeo sobre o tema. Caso não tenha o aplicativo, acesse a página do YouTube: **youtube.com/momentoA2**

## Famílias eternas

Filhos sem disciplina são inseguros, confusos e irresponsáveis. É necessário pais que saibam dizer sim e também não. **Precisamos de pais que tenham coragem de negociar o negociável e não negociar o inegociável**. Se tomarmos nossa posição de pais e assumirmos o controle de fato, muita coisa pode mudar na nossa vida e lá na frente. Quando adolescentes ou adultos, teremos muito menos problemas. Fique certo(a) disso.

#ficaAdica #DisciplineSeusFilhos #darrell&marcia

O que você hoje ainda não faz em relação à disciplica dos seus filhos? O que você tem desculpado, relevado demais ou fingido que não está vendo, e isso lá na frente pode prejudicar esse filho? Está na hora de uma conversa franca. Escreva abaixo.

_____
_____
_____
_____
_____

### VÍDEO – POR QUE OS FILHOS DESOBEDECEM

Abra o seu aplicativo de **QR Code** no seu celular, aproxime a sua câmera da imagem e assista ao vídeo sobre o tema. Caso não tenha o aplicativo, acesse a página do YouTube: **youtube.com/momentoA2**

## 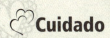 Cuidado

Tem uma frase conhecida que diz: "Pare de dizer a si mesmo que a grama do vizinho é mais verde", porque não é. É mais verde onde você regá-la. Muitas vezes achamos sempre que o casamento daquela amiga é melhor, que aquele amigo tem a mulher ideal. Mas será que não estaria faltando regar um pouco nossa grama?

**#ficaadica #CultiveoAmor #darrell&marcia**

O que você tem feito para regar o jardim do seu casamento? Você tem cultivado, cuidado, ou só usado do jardim sem dar a devida importância? Escreva abaixo quais atitudes você pode ter a partir de agora que demonstrem que você está cuidando mais da grama do seu jardim.

_____
_____
_____
_____
_____
_____

### VÍDEO – 7 VIRTUDES NO CASAMENTO

 Abra o seu aplicativo de **QR Code** no seu celular, aproxime a sua câmera da imagem e assista ao vídeo sobre o tema. Caso não tenha o aplicativo, acesse a página do YouTube: **youtube.com/momentoA2**

## Em defesa do casamento

Quem tem boas relações com a família, amigos e a comunidade normalmente são pessoas mais felizes. O contágio social é importante para sua vida, e escolher boas companhias, amizades de casais que tenham o mesmo propósito que vocês, que caminhem juntos e defendam os mesmos valores vai ajudar muito e fortalecer o seu casamento. Se vocês estão se isolando e vivendo tão atarefados que os dois não têm casais amigos, algo está errado, e lá na frente vocês irão sentir essa falta. Não pela quantidade, mas principalmente pela qualidade. Se vocês têm boas amizades, essas relações os irão proteger. Saber que há alguém com quem vocês podem contar faz com que se sintam mais seguros, possam ser instruídos em um momento de dificuldade. Pense nessas relações e construa algo que seja duradouro.

**#ficaAdica #AmizadeDeVerdade #darrell&marcia**

Escreve aqui quem são os casais com quem vocês mais convivem. Eles têm os mesmos princípios e valores que vocês? Vocês querem ter no futuro um casamento igual ao deles? Eles inspiram vocês a serem melhores?

_____

_____

_____

### VÍDEO – COMO SER FELIZ E SAUDÁVEL

Abra o seu aplicativo de **QR Code** no seu celular, aproxime a sua câmera da imagem e assista ao vídeo sobre o tema. Caso não tenha o aplicativo, acesse a página do YouTube: **youtube.com/momentoA2**

## Comportamento

O amor é legal, a paixão levará você a loucuras, mas a amizade será a base para o casal poder passar pelas tempestades do casamento. **Se seu (sua) melhor amigo (a) dorme com você, vocês terão uma vida ainda melhor.** Quando os filhos forem embora, só vai sobrar vocês dois. Se vocês não construírem agora uma amizade profunda, sobre o que irão conversar pelo resto da vida? Já parou para pensar que é com essa pessoa que você vai passar a maior parte da sua vida? Portanto, invista na mais importante amizade que você pode ter para proteger seu casamento de qualquer tempestade.

Ele (a) já é seu (sua) melhor amigo (a)? Se ainda não, você precisa conquistar isso.

**#ficaAdica #CultiveAmizade #darrell&marcia**

Que passos você precisa dar para aprimorar a amizade de vocês? Escreva abaixo.

_____

_____

_____

### VÍDEO – 7 PASSOS PARA SALVAR O SEU CASAMENTO

Abra o seu aplicativo de **QR Code** no seu celular, aproxime a sua câmera da imagem e assista ao vídeo sobre o tema. Caso não tenha o aplicativo, acesse a página do YouTube: **youtube.com/momentoA2**

## ♡ Comunicação

A boca fala o que o coração está cheio (Lc 6.45), e muitas vezes nosso coração tem guardado coisas que nos sufocam. Explodimos e machucamos o outro. **Muito disso acontece porque guardamos coisas do passado** e não nos libertamos daqueles erros que nos aprisionam. Liberte-se e viva algo novo.

Que tal hoje você reagir diferente e não falar nada que possa machucar seu amor?

**#ficaAdica #SeLivrandoDoPassado #darrell&marcia**

Escreva abaixo de quais coisas do passado você precisa se libertar, em que erros cometidos você precisa passar uma borracha e começar a viver o novo de Deus na vida de vocês.

_____
_____
_____
_____
_____
_____

### VÍDEO – COMO SE LIVRAR DOS ERROS DO PASSADO

Abra o seu aplicativo de **QR Code** no seu celular, aproxime a sua câmera da imagem e assista ao vídeo sobre o tema. Caso não tenha o aplicativo, acesse a página do YouTube: **youtube.com/momentoA2**

# Ciúmes

Se o ciúme o (a) incomoda demais, você precisa deixar isso claro para o seu cônjuge. O diálogo e a sinceridade são fundamentais. Por outro lado, é importante que você possa se desnudar não apenas de corpo, quando vocês estão na cama, mas principalmente fora dela, onde um tem total acesso a tudo na vida do outro. Porque se Deus vê tudo, que é com quem você tem maior compromisso, por que seu cônjuge não poderia saber de algo que você está fazendo? A partir de agora, passe para ele informações antes das perguntas e mostre claramente quando aparecem situações de risco, como alguém que deu em cima de você. Isso vai fazê-lo (a) sentir-se mais seguro.

**#ficaAdica #LidandoBemComCiúmes #darrell&marcia**

Escreva abaixo o que ainda não está transparente na relação de vocês. Pode ser uma senha do Facebook, celular ou uma conversa que você teve no WhatsApp. Colocar tudo às claras vai proteger o seu casamento. Então, registre abaixo o que você precisa conversar seu cônjuge.

_____

_____

## VÍDEO – 7 PECADOS CAPITAIS NO CASAMENTO

Abra o seu aplicativo de **QR Code** no seu celular, aproxime a sua câmera da imagem e assista ao vídeo sobre o tema. Caso não tenha o aplicativo, acesse a página do YouTube: **youtube.com/momentoA2**

## ♡ Tentações

Há mulheres que estão sendo enganadas acreditando que, para serem felizes no casamento, precisam ser mutiladas, menosprezadas, espancadas e desvalorizadas. Essa moda da perversão sexual e do erotismo vende uma ilusão que ser escrava sexual é a solução para estimular o relacionamento do casal. Saiba: **sadomasoquismo é perversão, não é o plano de Deus para o sexo no seu casamento**. Ser humilhada, maltratada, não é o projeto para o seu relacionamento. O amor, o cuidado, a comunicação e o respeito, sim, farão de você uma mulher satisfeita, e uma mulher assim deixa o seu marido realizado.

### #ficaAdica #SexoPlanoDeDeus #darrell&marcia

O que você faz no sexo em seu casamento que agora, refletindo, acredita que não é plano de Deus? O que você precisa mudar para que viva num leito sem mácula?

_____
_____
_____
_____

### VIDEO - O MITO DO PRAZER SEXUAL

Abra o seu aplicativo de **QR Code** no seu celular, aproxime a sua câmera da imagem e assista ao vídeo sobre o tema. Caso não tenha o aplicativo, acesse a página do YouTube: **youtube.com/momentoA2**

## Comportamento

Faça um teste: tente durante uma semana falar sempre de forma branda, calma e dócil com seu amor. Você verá que naturalmente ele tende a responder da mesma forma. Agora, se você muda e começa a tratá-lo de forma ríspida, grosseira, logo, logo você vai ter de volta uma pessoa gritando e retribuindo com raiva. **A crítica destrói o amor. A pessoa rancorosa, que só reclama, afasta os outros**. Tem gente que é tão eficiente quando o negócio é colocar o outro para baixo que já se tornou especialista em desestabilizar a segurança do cônjuge, em enfraquecer sua estima e tirar completamente a autoconfiança do outro.

Essas pessoas, mesmo sem saber, acabam tornando o cônjuge uma presa fácil para qualquer galanteio na rua ou transformam o seu amor em uma pessoa infeliz. Se é assim na sua casa, chegou a hora de mudar.

#### #ficaAdica #ValorizeQuemTeAma #darrrell&marcia

Que frases que colocam seu cônjuge pra baixo você se propõe a não mais usar? Quais novas frases você vai passar a usar a partir de agora? Anote-as.

_____

_____

_____

### VÍDEO – PALAVRAS QUE MARCAM NEGATIVAMENTE

Abra o seu aplicativo de **QR Code** no seu celular, aproxime a sua câmera da imagem e assista ao vídeo sobre o tema. Caso não tenha o aplicativo, acesse a página do YouTube: **youtube.com/momentoA2**

##  Invista

Expresse o que você sente da forma certa. Lembre-se: "Foi mal" não é desculpa, "Valeu" não é obrigado e "Eu também" não é eu te amo. Seja objetivo e claro em demonstrar o seu amor e seu cuidado pelo seu cônjuge. Vocês já fizeram tanto até aqui. Por que agora, por tão pouco. Você vai deixar esse amor esfriar. **Coloque mais açúcar para adoçar o romance e o cuidado no dia a dia do casamento de vocês**.

#ficaAdica #MaisCarinho #darrell&marcia

O que você acha que não tem falado mais que seria importante dizer para o seu cônjuge? Que coisas você não tem escutado mais que gostaria de escutar. Escreva abaixo e depois chame seu amor para conversarem sobre isso.

_____
_____
_____
_____
_____
_____

**VÍDEO – AS 5 LINGUAGENS DO AMOR #1**

 Abra o seu aplicativo de **QR Code** no seu celular, aproxime a sua câmera da imagem e assista ao vídeo sobre o tema. Caso não tenha o aplicativo, acesse a página do YouTube: **youtube.com/momentoA2**

## ♡ Famílias eternas

Antes de ensinar os seus filhos a serem bem-sucedidos na vida, ensine-os a serem cheios do Espírito Santo. Para isso, nada melhor do que você como pai ou mãe orar por eles!

Usamos para nossos filhos os 4Cs. Oramos pela carreira, pelo caráter, pelo casamento e pela conversão genuína deles ao Senhor. Pode ser um guia para ajudar vocês em relação aos filhos que já têm ou pelos que ainda terão.

#ficaAdica #OraçãoEfilhos #darrell&marcia

Escreva abaixo os 4Cs pelos quais você vai orar ainda mais especificamente pelos seus filhos e comece a colocar isso em prática.

_____
_____
_____
_____
_____

### VÍDEO – ORAÇÃO E FILHOS

Abra o seu aplicativo de **QR Code** no seu celular, aproxime a sua câmera da imagem e assista ao vídeo sobre o tema. Caso não tenha o aplicativo, acesse a página do YouTube: **youtube.com/momentoA2**

##  Brigas

Você acredita que homem não chora? Chora sim, e mulher também. Abra seu coração, mostre seus sentimentos. Seu cônjuge precisa conhecer você agora e saber o que sente, antes que ele (a) chore quando você for embora, porque não se abriu verdadeiramente.

**#ficaAdica #SeEntregue #darrell&marcia**

Quais são os sentimentos que você ainda não expressou verdadeiramente para o seu amor? Pode ser até que doa, pode ser que você chore, mas é importante sentar, conversar e se abrir. Escreva abaixo.

_____
_____
_____
_____
_____
_____
_____

**VIDEO - 8 COISAS QUE EU PRECISO FAZER PARA NÃO SER TRAÍDA (O)**

 Abra o seu aplicativo de **QR Code** no seu celular, aproxime a sua câmera da imagem e assista ao vídeo sobre o tema. Caso não tenha o aplicativo, acesse a página do YouTube: **youtube.com/momentoA2**

## Comportamento

Infelizmente, hoje, encontramos muita gente casada, mas sozinha. **Há pessoas que moram numa casa repleta de gente, mas que se sentem sós**. Há casas que mais parecem hotéis: as pessoas entram, comem, às vezes até juntas, dormem em uma cama, podem até fazer sexo, mas vivem uma vida distante emocional e espiritualmente que chega a dar dó só de imaginar.

Elas conversam, mas não se comunicam; beijam-se, mas não sentem afeto; encostam-se, mas não se tocam; olham-se, mas não se compreendem. Alguém já falou que a pior solidão é a solidão A2, e sem dúvida, amada (o), se você está passando por isso, é hora de sair dessa fase e mudar o destino da sua vida.

#ficaAdica #AmoréApoio #darrell&marcia

O que você está fazendo que tem afastado vocês? Pare e anote quais são as ações que você pode começar a implementar para ter mais tempo de verdade e com interesse sincero entre você e seu amor.

_____
_____
_____

### VÍDEO – POR QUE ESTAMOS JUNTOS E NOS SENTIMOS SÓS

Abra o seu aplicativo de **QR Code** no seu celular, aproxime a sua câmera da imagem e assista ao vídeo sobre o tema. Caso não tenha o aplicativo, acesse a página do YouTube: **youtube.com/momentoA2**

## Cuidado

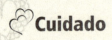

Saibam curtir um ao outro. A maioria das mulheres reclama da falta de carinho. E os homens reclamam da falta do toque. Quanto tempo vocês não namoram? Você entende bem o que mais excita seu cônjuge? O que o deixa ela mais feliz? O que faz os olhinhos dele brilharem? Já parou para observar qual a linguagem do amor que seu cônjuge precisa? Entenda isso, e comece a viver um novo clima de namoro no seu casamento.

### #ficaAdica #ALinguagemCerta #darrell&marcia

Escreva abaixo o que você descobriu ser a linguagem do amor do seu cônjuge? De que forma ele entende que está sendo amado? Toque, palavras de afirmação, serviço, presentes ou tempo de qualidade? Escreva abaixo e depois anote o que você vai fazer para usar ainda mais a linguagem que encanta o seu cônjuge.

_____
_____
_____
_____
_____

### VIDEO – O CAMINHO DA TRAIÇÃO – MENTIRAS E SEGREDOS

Abra o seu aplicativo de **QR Code** no seu celular, aproxime a sua câmera da imagem e assista ao vídeo sobre o tema. Caso não tenha o aplicativo, acesse a página do YouTube: **youtube.com/momentoA2**

##  Finanças

Quando confiamos em Deus, percebemos que algumas coisas são mais importantes que o dinheiro. Você provavelmente não vai encontrar algum casal que tenha se arrependido de acreditar em Deus, mas vai se esbarrar com centenas que se arrependeram por confiar no dinheiro. Se tem crise, coloque Cristo em sua vida.

#ficaAdica #FinançasComDeus #darrell&marcia

O que você aprende com a dica apresentada acima? Que mudanças isso pode trazer para sua vida se você começar a colocar sua confiança primeiro em Deus? Escreva abaixo.

___
___
___
___
___
___
___
___

**VÍDEO – 5 PASSOS PARA O PLANEJAMENTO FINANCEIRO**

Abra o seu aplicativo de **QR Code** no seu celular, aproxime a sua câmera da imagem e assista ao vídeo sobre o tema. Caso não tenha o aplicativo, acesse a página do YouTube: **youtube.com/momentoA2**

## Famílias eternas

Se você perguntar para a maioria das pessoas o que é mais importante, elas vão dizer que é a sua família. Se você pedir para olhar a agenda delas, verá realmente o que importa. A Palavra de Deus já diz que onde está o seu tesouro, aí está o seu coração (cf. Mt 6.21), e infelizmente muita gente tem se dedicado a coisas que essencialmente não são as mais importantes. **Talvez o seu tesouro esteja no lugar errado**. Pode ser no trabalho, no dinheiro, nas redes sociais, em alguns amigos ou em algum esporte ou *hobby* preferido. Mas será que está em Deus? Será que está na sua família ou será que está em seu cônjuge?

Dedique tempo ao que realmente é importante hoje para você.

#### #ficaAdica #EuAmoMinhaFamilia #darrell&marcia

Escreva abaixo quais hábitos você precisa mudar para colocar seu coração no lugar certo. O que você precisa fazer?

_____
_____
_____
_____

### VÍDEO – A ÚLTIMA CARTA DE AMOR

Abra o seu aplicativo de **QR Code** no seu celular, aproxime a sua câmera da imagem e assista ao vídeo sobre o tema. Caso não tenha o aplicativo, acesse a página do YouTube: **youtube.com/momentoA2**

##  Brigas

Quando um não quer, dois não brigam. E sabe o porquê? Porque sempre tem um mais sábio, aquele que vai acalmar as coisas e procurar o momento certo, que vai pedir ajuda, que, sabendo que o outro está irado, não vai colocar lenha na fogueira. Entre ser feliz e ter razão, escolha sempre ser feliz. Seja o sábio da relação.

### #ficaAdica #brigasTOfora #darrell&marcia

Qual tipo de reação você precisa mudar para que durante as discussões possa ser o sábio da relação? Que atitudes novas você precisa tomar para evitar novos atritos?

_____
_____
_____
_____
_____
_____
_____
_____

### VÍDEO – QUANDO UM NÃO QUER, DOIS NÃO BRIGAM

Abra o seu aplicativo de **QR Code** no seu celular, aproxime a sua câmera da imagem e assista ao vídeo sobre o tema. Caso não tenha o aplicativo, acesse a página do YouTube: **youtube.com/momentoA2**

##  Em defesa do casamento

O sofrimento e o divórcio jamais têm de ser as duas únicas opções. Não importa o que tenha acontecido no seu passado, Jesus tem um futuro novo para o seu casamento. Basta você convidá-lo para entrar de vez na sua relação. **A oração pode mudar uma casa, uma vida e uma história**. Entre na batalha da oração pela sua família e veja os resultados maravilhosos que isso trará.

#ficaAdica #QuartodeGuerra #darrell&marcia

Escreva abaixo os motivos pelos quais você precisa orar pela sua casa.

_____
_____
_____
_____
_____
_____
_____
_____

### VÍDEO – QUARTO DE GUERRA

Abra o seu aplicativo de **QR Code** no seu celular, aproxime a sua câmera da imagem e assista ao vídeo sobre o tema. Caso não tenha o aplicativo, acesse a página do YouTube: **youtube.com/momentoA2**

## Tentações

Seu amor precisa de um porto seguro, alguém que possa apoiá-lo, a quem possa falar de seus desafios, angústias, tentações. Mas ao contrário, se você sempre está reclamando e ofendendo-o, não vai se abrir. Talvez até procure fora de casa alguém com quem compartilhar suas fraquezas e angústias. **Você precisa ter esse ambiente de confiança e entrega entre vocês.**

### #ficaAdica #TraiçãoTOfora #darrell&marcia

Como é isso na sua casa? Seu amor se abre em suas angústias e tentações com você? Você compartilha com ele? O que você pode fazer para mudar isso? Escreva abaixo.

_____
_____
_____
_____
_____
_____
_____

### VÍDEO – 12 SINAIS DA TRAIÇÃO

Abra o seu aplicativo de **QR Code** no seu celular, aproxime a sua câmera da imagem e assista ao vídeo sobre o tema. Caso não tenha o aplicativo, acesse a página do YouTube: **youtube.com/momentoA2**

## Comportamento

Todo ser humano adora reconhecimento e se alegra ao ser valorizado. **Você já agradeceu a seu cônjuge por toda dedicação, entrega e amor que ele tem dado nessa vida a você?** Você já validou todas as coisas que já fez ou faz só para lhe agradar? Já enalteceu tudo que ele faz que o (a) deixa muito feliz? Que faz bem a você? Escolha hoje para ser um dia só de validar o que seu cônjuge faz que é importante para você.

Que tal fazer isso agora? Reconheça.

#### #ficaAdica #valorize #darrell&marcia

Escreva abaixo pelo menos cinco coisas que seu amor faz que são muito importantes para você.

_____
_____
_____
_____
_____

### VIDEO - 8 TIPOS DE MARIDOS

Abra o seu aplicativo de **QR Code** no seu celular, aproxime a sua câmera da imagem e assista ao vídeo sobre o tema. Caso não tenha o aplicativo, acesse a página do YouTube: **youtube.com/momentoA2**

## Comunicação

Como vocês conversam? Um manda e outro obedece? Se for assim, não é comunicação; é tirania. Não funciona.

Em um relacionamento saudável, precisa haver cumplicidade e parceria. Deve ser construído dia a dia com conversas sobre assuntos diversos, desde os problemas de casa até amenidades sobre o esporte preferido ou o último filme a que assistiram. Ter prazer em conversar com seu amor deve ser algo do interesse de vocês dois, pois, se você não tiver prazer em conversar hoje, como será pelo resto da vida? Busque assuntos em comum, desenvolva novos hábitos e prazeres juntos.

#ficaAdica #ConversadeAmigos #darrell&marcia

O que vocês têm em comum? Que tipo de assunto poderia resultar numa conversa longa entre vocês? Sobre o que vocês conversavam na época do namoro? Escreva abaixo.

_____
_____
_____
_____

### VÍDEO – 6 PERGUNTAS QUE PODEM MUDAR A SUA VIDA SEXUAL

Abra o seu aplicativo de **QR Code** no seu celular, aproxime a sua câmera da imagem e assista ao vídeo sobre o tema. Caso não tenha o aplicativo, acesse a página do YouTube: **youtube.com/momentoA2**

## Comportamento

Os homens se perguntam: "Como entendê-las?", e as mulheres se questionam: "Não poderia ser mais fácil?" E aí? Que fazer?

Só Deus, na sua magnitude e esplendor, para imaginar pôr junto duas pessoas tão diferentes quanto o homem e a mulher.

A cabeça do homem funciona em um conjunto de caixinhas que não se conectam entre si. O homem abre sempre uma de cada vez, motivo pelo qual difícil você encontrar um homem fazendo mais de uma coisa ao mesmo tempo. Já a cabeça da mulher funciona em um circuito de fios emaranhados, misturados uns com os outros. Por isso que as mulheres têm a habilidade de fazer mil coisas ao mesmo tempo. Entender isso e poder ajustar o diálogo entre vocês é um desafio que tem de ser respeitado e conversado, sem exigir do outro aquilo que não pode oferecer.

**#ficaAdica #EntendendoAsDiferenças #darrell&marcia**

Escreva abaixo as coisas em que você é completamente diferente do seu amor. E depois escreva como você pode se adaptar melhor às diferenças entre vocês, sabendo agora que vocês têm pensamentos completamente distintos.

_____
_____
_____

### VÍDEO – CABEÇA DE HOMEM E CABEÇA DE MULHER

Abra o seu aplicativo de **QR Code** no seu celular, aproxime a sua câmera da imagem e assista ao vídeo sobre o tema. Caso não tenha o aplicativo, acesse a página do YouTube: **youtube.com/momentoA2**

#ficaAdica - 100 atitudes que podem mudar o dia a dia de seu casamento

## ♡ Amor e sexo

O que vai fazer a diferença mesmo para o apetite sexual é o que vocês têm construído no dia a dia. Um homem atencioso, cavalheiro, cuidadoso e romântico deixa qualquer mulher excitada. E uma mulher respeitosa, que faz do seu marido seu herói, apaixonada, seduz e faz o homem se sentir nas alturas. Isso pode fazer a diferença na sua vida sexual. Invista no romantismo e no respeito. Vocês terão muito mais momentos de prazer se dedicarem mais atenção a essas áreas. **Claro que um clima propício ajuda muito, e sabe quem faz o clima? Você. Mãos à obra**.

**#ficaAdica #ConquisteQuemTeFazFeliz
#darrell&marcia**

Que tal você escrever abaixo um plano para aumentar o apetite sexual de vocês. O que seria?

_____
_____
_____
_____
_____

### VÍDEO – 8 FILMES PARA ASSISTIR A2

Abra o seu aplicativo de **QR Code** no seu celular, aproxime a sua câmera da imagem e assista ao vídeo sobre o tema. Caso não tenha o aplicativo, acesse a página do YouTube: **youtube.com/momentoA2**

## Famílias eternas

Você ama seus filhos? Claro, né? Precisamos investir mais no nosso casamento, se quisermos investir melhor nos filhos. Conhecemos ex-marido, ex-mulher, mas não existe ex-filho. Os filhos são as principais vítimas do divórcio. Cuide de seus filhos, cultivando seu casamento.

#ficaAdica #EuAmoMinhaFamilia #darrell&marcia

O que você aprende com a dica apresentada acima? Qual tipo de comportamento você precisa mudar na frente dos seu filhos? Quais cuidados novos você precisa ter com o seu casamento?

_____
_____
_____
_____
_____
_____
_____

### VÍDEO – 6 MOTIVOS POR QUE OS NOSSOS FILHOS NÃO VÃO AO CARNAVAL

Abra o seu aplicativo de **QR Code** no seu celular, aproxime a sua câmera da imagem e assista ao vídeo sobre o tema. Caso não tenha o aplicativo, acesse a página do YouTube: **youtube.com/momentoA2**

## Comportamento

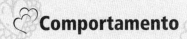

Em qualquer casamento as dificuldades chegam, mas uma das coisas que mais ajuda um relacionamento é ter um projeto em comum. Não existe essa coisa de projetos pessoais apenas. Vocês irão passar por várias fases, e ter um projeto em comum ajuda muito a solidificar essa relação e vocês poderem lutar por um sonho dos dois.

#ficaAdica #SonhosJuntos #darrell&marcia

Vocês já têm um sonho em comum? Caso ainda não, escreva abaixo qual sua proposta de sonho para o casal, para a família, e sente com seu amor para conversar sobre isso. Será um passo importantíssimo para que cada dia mais vocês sejam um só.

_____
_____
_____
_____
_____
_____

### VÍDEO – AS 4 ESTAÇÕES DO CASAMENTO

Abra o seu aplicativo de **QR Code** no seu celular, aproxime a sua câmera da imagem e assista ao vídeo sobre o tema. Caso não tenha o aplicativo, acesse a página do YouTube: **youtube.com/momentoA2**

## Amor e sexo

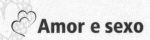

O sexo quando praticado dentro do casamento é um presente de Deus para sua vida. Ele pode entusiasmar seu casamento ou destruir de vez, se malconduzido. Tabu em muitos locais, o sexo é um dos assuntos a respeito do qual vocês precisam sentar e conversar e entender o que **pode**, o que **não pode**, e o que agrada e não agrada a vocês dois e principalmente a Deus.

#### #ficaAdica #PodeOuNaoPode #darrell&marcia

Leia na Bíblia o livro de Cantares com seu amor e depois escreva abaixo quais ideias isso trouxe para a vida sexual de vocês. Mencione os versículos principais, para depois você pode voltar a eles.

_____
_____
_____
_____
_____
_____
_____

### VÍDEO – SEXO, PRESENTE DE DEUS

Abra o seu aplicativo de **QR Code** no seu celular, aproxime a sua câmera da imagem e assista ao vídeo sobre o tema. Caso não tenha o aplicativo, acesse a página do YouTube: **youtube.com/momentoA2**

# Invista

Amar também é servir. Será que tem algo que seu amor sonha que você faça por ele e você nunca perguntou? Às vezes servimos na igreja, servimos tanto no trabalho, mas nunca dedicamos um tempo para nos preocuparmos em que podemos servir ao nosso amor. Enganamo-nos às vezes com uma mentira, que está tudo bem e ele (a) já está satisfeito (a), quando na verdade podemos surpreender o nosso cônjuge, servindo-o com alegria. Que tal hoje você perguntar: "O que realmente é importante para você que eu possa fazer?"

**#ficaAdica #ConquistecomDetalhes #darrell&marcia**

Você já sabe de algumas outras coisas que seriam importantes fazer para servir ao seu amor? Que tal você listar e aos poucos ir surpreendendo-o?

_____
_____
_____
_____
_____

### VÍDEO – 6 MENTIRAS QUE PODEM LEVAR À SEPARAÇÃO

Abra o seu aplicativo de **QR Code** no seu celular, aproxime a sua câmera da imagem e assista ao vídeo sobre o tema. Caso não tenha o aplicativo, acesse a página do YouTube: **youtube.com/momentoA2**

## Em defesa do casamento

Pare e pense: Como marido ou como esposa, **você está fazendo o seu possível ou dando o seu melhor**? Porque, se você podendo fazer o seu melhor, se contenta com o possível, cai na mediocridade. Por isso, muitos vivem um casamento morno, porque decidiram viver na mediocridade, ser um marido ou uma esposa mais ou menos. Com razão a Bíblia em Gálatas 6.7: *Pois o que o homem semear, isso também colherá.*

Então, se me decido ser um marido maravilhoso, é claro que eu terei um casamento melhor; se eu decido ser uma esposa melhor, terei um casamento melhor.

Mas tem gente que não se decide. Não decide ser melhor. Para essas pessoas, segue uma frase forte, que pode definir o futuro do seu casamento. Saiba: **Se você não está investindo no seu casamento, está investindo no seu divórcio**.

#ficaAdica #DecidaSerMelhor #darrell&marcia

Quais são as ações que você precisa implementar a partir de hoje para ser um marido ou esposa melhor? Escreva-as.

_____

_____

_____

**VIDEO – 7 SINAIS DE QUE SEU MARIDO ESTÁ FANTASIANDO SOBRE OUTRA MULHER**

Abra o seu aplicativo de **QR Code** no seu celular, aproxime a sua câmera da imagem e assista ao vídeo sobre o tema. Caso não tenha o aplicativo, acesse a página do YouTube: **youtube.com/momentoA2**

# As famosas tarefinhas

As tarefinhas são uma marca registrada dos grupos de casais A2, que lideramos em várias cidades.

É um bônus que trouxemos no final do livro para ajudar ainda mais você a dar aquele *upgrade* no seu casamento e ficar de uma vez por todas **top das galáxias.** Use e abuse delas e repita sem moderação.

Aqui estão algumas de uma pesquisa que fizemos que irão ajudar vocês. Vamos compartilhar aqui dez das que fazem mais sucesso para que você possa melhorar seu relacionamento.

## CAFÉ DA MANHÃ

Nada melhor que acordar com uma boa surpresa e tomar café da manhã com seu amor! Não precisa ser uma cesta de café da manhã pronta. Você pode ir ao mercado e comprar itens de que seu amor mais gosta e preparar um belo café da manhã, na cama para ele.

## MASSAGEM

Prepare o seu quarto para um clima romântico! Coloque velas e uma música suave... Separe óleos de massagem e faça uma massagem relaxante em seu amor!

## VÍDEOS DE AMOR

Temos que utilizar a tecnologia a nosso favor! Então, que tal você fazer vídeos criativos para seu amor e enviá-los por WhatsApp? Pode ser várias vezes por dia, só para lembrar que você o ama e não esquece dele um só momento!

## BILHETINHOS DE AMOR

Que tal deixar bilhetinhos para seu amor dizendo o quanto o ama, por onde ele passar? Coloque na bolsa, nas gavetas, no carro, nos travesseiros, no *notebook*, onde menos ele esperar. Seu amor se sentirá valorizado e superamado.

## CAIXA "MEU BEM MAIS PRECIOSO"

Compre uma caixa de MDF e personalize-a. Pode ser pintada, com colagem, do jeito que você achar melhor. Escreva na tampa a frase "Meu bem mais precioso" ou então "O que mais amo" e no fundo da caixa cole um espelho. Assim, quando o seu amor abrir a caixa, verá sua própria imagem refletida.

## FLORES PARA SEU AMOR

Quem não gosta de receber flores? E quando essas flores chegam em locais inesperados? Que tal então você enviar para o trabalho de seu amor um pequeno buquê de flores e um cartão bem romântico dizendo quanto o ama? Além de não ser comum, o seu amor ficará surpreso e se sentirá amado.

## CARTAS DE AMOR

Antigamente não se tinha toda a tecnologia, e nem por isso os casais deixavam de fazer declarações de amor. Escreva uma cartinha de amor com sua letra linda, poste nos correios, tudo como se fazia antigamente. Imagine quando o seu amor pegar as correspondências e encontrar uma cartinha romântica sua?

## JANTAR ROMÂNTICO

Prepare um jantar romântico para o seu amor! Use os seus dotes culinários, deixe a casa num clima romântico e aproveite a noite! Para acompanhar, coloque uma música bem romântica e se deixe levar pelo romantismo.

## VALE TUDO

Esta semana será a semana do "vale tudo". Para incentivar o romance, vamos oferecer alguns bônus ao nosso amor. Você colocará papeizinhos dentro de um envelope, com os vales, e aí use sua criatividade. Pode ser "vale jantarA2", "vale aquele beijo da época do namoro", "vale uma noite de núpcias", "vale beijo no pescoço " etc. Seja criativo (a)!

## DECLARAÇÃO INUSITADA

Escreva no espelho do banheiro de vocês logo de manhã cedo, usando um batom, uma declaração de amor inusitada e diferente. Deixe o dia do seu cônjuge começar diferente. Como a conquista começa no café da manhã, já será um passo para que você viva +1 **#momentoA2**.

# Quer saber mais da gente?

## O que é #momentoA2

Darrell e Márcia lideram um movimento de casais, formado com bases cristãs. É uma turma superanimada que defende e acredita na família e entende que Jesus é o principal elo no nosso casamento. Esse movimento, é supernovo. Nasceu em 2014, na Paróquia Anglicana Espírito Santo (PAES), na região metropolitana de Recife, e hoje já se espalhou por várias outras igrejas, abençoando diversas denominações.

Conquistar casais para esse propósito, edificar famílias e manifestar o poder do evangelho em todas as dimensões, esse é o nosso objetivo. Para isso, temos gerado ações e conteúdo que já chegaram a vários países do mundo. Treinamentos e cursos para casais acontecem com nosso material, e temos sido muito abençoados em poder acompanhar o crescimento do Reino de Deus e a proteção da famíia.

Caso você faça parte de uma comunidade, apresente nosso projeto ao seu líder de casais ou pastor. Ele poderá levar para sua igreja todo o nosso conteúdo, participar de nossas campanhas, jornadas, cursos e desafios para casais, e com isso abençoar muito mais gente.

Para ter mais informações sobre como você pode aproveitar mais desse ministério em sua comunidade, escreva para nós: **contato@darrellemarcia.com.br**

# Grupos de casais A2

Você sabia que todo esse movimento começou com seis casais em nossa casa? Sem esperar, sem nunca planejar, Deus já sabia que você estaria lendo este livro. Nós não. Apenas começamos reunindo os casais, estudando a Bíblia e livros para casais. Daí surgiram as células A2, que são nossos grupos de casais, e também a **#TvA2**, o **#momentoA2**, os livros e todo um trabalho de Deus em nossa vida. Dá para acreditar?

Hoje nos reunimos em diversos grupos de casais, onde estudamos a Palavra de Deus e interagimos como casal, ajudando uns aos outros. Temos um desejo de ser cada vez mais próximos da igreja de Atos 2 e entendemos que isso não pode ficar só para nós. Por isso seguimos o *ide* de Cristo, em Mateus 28.19, e todos os dias estamos focados em fazer discípulos.

São esses os grupos de célula A2. Caso ainda não faça parte de uma célula, nem de uma igreja, queremos o (a) convidar a viver isso com a gente. É gratuito e só precisa ser casado.

Confira em nossas redes sociais se na sua cidade já tem um grupo de células A2. Várias cidades no Brasil já estão implantando, e isso tem sido transformador para os relacionamentos.

Se sua igreja ainda não tem um grupo como esse e você tem interesse em implantar, converse com seu pastor. Estamos à disposição para ajudá-los em sua cidade e com isso abençoarmos ainda mais famílias.

# Evento #momentoA2

Se você já segue a gente nas redes sociais, deve conhecer o **#momentoA2**, nosso evento de colheita da rede de células A2, que tem impactado todas as cidades onde o programa já acontece.

Todos os meses nos reunimos em um sábado à noite para viver o **#momentoA2**. Fazemos um evento gratuito em um hotel, onde durante uma noite divertida e descontraída, com dinâmicas, clima de romance e uma palestra temática, levamos os casais a retomarem o clima de namoro e se conscientizarem da importância de investirem seu casamento.

Esse evento tem sido um divisor de águas, e várias famílias são restauradas por conta do agir de Deus, através da participação nele.

Além do programa **#momentoA2**, Darrell & Márcia têm viajado por todo o Brasil, em várias igrejas, congressos e conferências, espalhando o amor. Você pode acompanhar as palestras deles presencialmente, caso ocorra alguma na sua cidade, ou se conectando pelo Facebook ou Instagram para acompanhar ao vivo.

Para conhecer a agenda deles e para convite, ao casal acesse: **www.darrellemarcia.com.br** ou envie e-mail para **contato@darrellemarcia.com.br**

# A TV do amor

Normalmente investimos em carros, casas, na nossa profissão, muitas vezes até em um esporte preferido. Mas quanto tempo você tem investido em aprender mais do seu casamento?

Essa é uma pergunta que muitos não se fazem, mas a maioria das pessoas colhe os frutos de não dedicar tempo ao bem mais precioso que tem, que é sua família.

Se é tão importante, por que não dedicar um tempo, cinco ou dez minutos por semana para aprender como lidar melhor com minha família? Como cuidar do meu cônjuge e cativá-lo? Como enfrentar os desafios e problemas do dia a dia?

As respostas para essas questões estão em um canal de TV criado para sua família. A TV do AMOR tem sido um mecanismo de bênçãos para muitos casais, e você pode ser abençoado(a). Inscreva-se **gratuitamente** em **www.youtube.com/momentoA2** para que toda semana você receba um dos nossos vídeos.

Ao se inscrever, ative o sininho, para ser notificado sempre que sair um vídeo novo.

Um dado importante que temos constatado: os casais que se dedicam a assistir pelo menos dois vídeos por semana, que sentam, anotam e conversam sobre os ganhos, têm obtido uma evolução significativa em seus relacionamentos.

Se você tem tempo para redes sociais, manicure, futebol ou para os seu amigos, ajuste-o levando em conta suas prioridades e assuma um compromisso de investir tempo na sua mente e no seu coração, preparando-se para ser um marido ou esposa melhor. Seus filhos agradecem.

## ♡ WhatsApp do amor

O mesmo WhatsApp que às vezes afasta o casal, tem se transformado em uma ferramenta de bênçãos através do trabalho que Darrell e Márcia têm feito nas redes sociais. Agora, direto no seu celular e gratuitamente, você pode receber o melhor conteúdo da internet brasileira e abençoar seu casamento.

É só você salvar o nosso número 81 9 97993235 como **#TvA2** Darrell e Márcia, depois mandar uma mensagem para nós com seu nome, nome do seu amor e sua cidade e aguardar para que você seja cadastrado em nossa base de dados e receba um conteúdo abençoador que vai motivar você a continuar cuidando do seu bem mais precioso.

# Darrell e Márcia

Darrell e Márcia são casados há 21 anos e têm 3 filhos: Emilly, 19, Darrell Filho, 11 e Dyllan, 8 anos. Ele é *coach* de relacionamento, escritor e conferencista, e ela é psicóloga, escritora e conferencista. São completamente apaixonados por Jesus e pelo que ele tem feito em casamento e em sua família. Passam diariamente pelos desafios que todos os casais enfrentam, mas resolveram pedir ajuda ao Criador do casamento e começaram esse movimento que valoriza o **#momentoA2**.

Hoje, além de liderarem a rede de casais da PAES, a **#redeA2**, eles também têm um canal no YouTube, a **#TvA2**, são colunistas do portal Familia.com.br, e têm um quadro na rádio Maranata Fm.

Para se conectar com o casal, acesse as redes sociais:

 Facebook.com/darrellemarcia

 Instagram.com/darrellemarcia

 Twitter.com/darrellemarcia

Ou o *site* www.darrellemarcia.com.br

## A gente indica

# Conheça nossas redes:

www.darrellemarcia.com.br

/momentoA2

/darrellemarcia

@darrellemarcia

@darrellemarcia

# Minhas decisões

Você tomou decisões importantes? Anote abaixo e comece a colocar em prática as atitudes que mais o (a) tocaram. Depois comente com a gente nas redes sociais **@darrellemarcia** o que mais impactou sua vida nessas 100 dicas.

Que Jesus abençoe ricamente sua família!

_____
_____
_____
_____
_____
_____
_____
_____
_____
_____
_____
_____
_____
_____
_____
_____
_____
_____
_____
_____

# Celebre o amor

Ainda que eu fale as línguas dos homens e dos anjos, se não tiver amor, serei como o sino que ressoa ou como o prato que retine.

Ainda que eu tenha o dom de profecia, saiba todos os mistérios e todo o conhecimento e tenha uma fé capaz de mover montanhas, se não tiver amor, nada serei.

Ainda que eu dê aos pobres tudo o que possuo e entregue o meu corpo para ser queimado, se não tiver amor, nada disso me valerá.

O amor é paciente, o amor é bondoso. Não inveja, não se vangloria, não se orgulha. Não maltrata, não procura seus interesses, não se ira facilmente, não guarda rancor. O amor não se alegra com a injustiça, mas se alegra com a verdade. Tudo sofre, tudo crê, tudo espera, tudo suporta.

O amor nunca perece; mas as profecias desaparecerão, as línguas cessarão, o conhecimento passará. Pois em parte conhecemos e em parte profetizamos; quando, porém, vier o que é perfeito, o que é imperfeito desaparecerá. Quando eu era menino, falava como menino, pensava como menino e raciocinava como menino.

Quando me tornei homem, deixei para trás as coisas de menino. Agora, pois, vemos apenas um reflexo obscuro, como em espelho; mas, então, veremos face a face. Agora conheço em parte; então, conhecerei plenamente, da mesma forma com que sou plenamente conhecido.

Assim, permanecem agora estes três: a fé, a esperança e o amor. O maior deles, porém, é o amor.

(1Co 1-13)

# #Desafio30DiasDoAmor

Certa vez ouvimos de um casal que tinha muito tempo de casamento o que seria o diferencial, em um mundo onde as pessoas tornam os casamentos temporários, eles conseguirem passar tantos anos juntos.

Eles falaram que eram de uma época que quando as coisas quebravam se consertava e não se jogava fora.

Essa é a mesma crença que nós temos:

Casamento não é algo que tá ruim a gente troca, casamento é algo que quando tá com problema a gente senta e resolve.

Por isso, criamos o **#Desafio30DiasDoAmor** o mais empolgante desafio para fazer novo o seu casamento sem trocar de par.

Milhares de casais já fizeram esse Desafio em todo o Brasil e se você ainda não foi abençoado por esse projeto de Darrell e Marcia comece agora.

Para participar acesse **www.desafio30diasdoamor.com.br** e se informe como você pode participar.

Caso você queria divulgue na sua igreja, pois nesse programa existe todo um material de apoio para grupos em igrejas. Converse com seu pastor e para ter mais informações sobre o projeto envie email para **contato@darrellemarcia.com.br**

Sua opinião é importante para nós. Por gentileza, envie seus comentários pelo e-mail editorial@hagnos.com.br

Visite nosso site: www.hagnos.com.br

Esta obra foi composta na fonte Frutiger corpo 11,5.
Foi impressa na Imprensa da Fé.
São Paulo, Brasil.
Primavera de 2017